신공략 중국어

독해

원제 : 한어열독속성(汉语阅读速成)

다락원

신공략 중국어 독해 초급편

지은이 朱子仪, 郑蕊
펴낸이 정규도
펴낸곳 (주)다락원

초판 1쇄 발행 2005년 9월 1일
초판 15쇄 발행 2023년 8월 30일

기획·편집 최준희, 신성은
디자인 정현석, 김금주
일러스트 이영우

다락원 경기도 파주시 문발로 211
전화 (02)736-2031(내선 250~252/내선 430)
팩스 (02)732-2037
출판등록 1977년 9월 16일 제406-2008-000007호

ISBN 978-89-7255-742-5 13720

www.darakwon.co.kr
다락원 홈페이지를 방문하시면 상세한 출판 정보와 함께 동영
상 강좌, MP3 자료 등 다양한 어학 정보를 얻으실 수 있습니다.

서문

　『신공략 중국어 독해』는『汉语阅读速成』이라는 제목으로 북경어언대학출판사가 2001년부터 2004년에 걸쳐 발간한 중국어 독해 교재의 한국어판이다. 『신공략 중국어 독해』는『신공략 중국어』시리즈의 일부로, 주로 단기 연수생들의 중국어 독해 실력을 향상시키는 데 주안점을 두고 집필한 교재이며, 한국에서는 초급편, 초급에서 중급으로, 중급편으로 출판한다.

　각권은 해당 중국어 등급의 기준을 참조하여 수준에 맞게 구성되었다. 또 각권이 조직적 성격을 띠고 있어 단기 연수생을 대상으로 만든 교재이지만 각권을 합쳐서 보다 긴 수업과정에서도 교재로 사용할 수 있다.

　이 책은 중국어로 된 문장에 대한 독해력 향상에 주안점을 두고, 정독과 속독을 함께 훈련할 수 있도록 하였으며, 연습문제 부분에서는 HSK 독해부분의 문제유형을 참고하여 도움이 되도록 하였다. 비교적 짧은 시간 내에 학생들이 가능한 한 많은 종류의 중국어 문장을 통해 어휘의 쓰임과 의미를 파악하고, 예측·선택·추리·판단 등의 독해요령을 터득하여 독해력을 강화하도록 하였다.

　교재의 본문은 각종 기사, 수필, 영화 등 다양한 형식에 광범위한 제재를 다루었다. 현대 중국사회 각 방면의 화제와 핫이슈 등을 망라하여 학생들이 본문을 통해 언어학습과 관련된 사회문화적 배경지식을 장악할 수 있도록 하였다.

　각 해당 중국어 수준에 맞추기 위해 본 교재의 본문을 일부 재집필하기도 하였으나, 초급편을 제외하고는 기본적으로 원문에서 크게 벗어나지 않도록 하였고, 본문이 중국어 서면어의 전형적인 면모를 보여줄 수 있도록 어느 정도 수준이 높은 부분도 수정하지 않았다.

『신공략 중국어 독해-초급편』의 기본 구성은 다음과 같다.

매과마다 정독part와 속독part가 있고, 이 두 part는 각각 본문, 새로 나온 단어, 독해 도우미, 풀어봅시다, 독해를 돕는 TIP으로 구성되어 있다.

새로 나온 단어는 품사, 병음과 뜻을 표기하였다.

정독본문과 속독본문에는 글자수를 명기하고, 본문의 난이도에 따라 읽는 시간과 연습문제 풀이 시간도 정해두었다. 또 초급자의 수준을 감안해 본문에 한어병음을 병기하였다.

풀어봅시다는 독해수업의 교학방식을 그대로 응용하여 일반적으로 내용의 이해, 주요 서면어의 쓰임, 어휘의 용법과 관련된 문제 등을 출제하였다. 연습문제 형식은 다양함을 추구하되, 일부분은 HSK 독해부분의 문제유형을 참고하기도 하였다.

독해 도우미에서는 주로 본문에 나온 중요한 어휘의 용법, 활용, 복잡한 문장을 해석하는 요령에 대해 설명하였다.

매과 뒤에 있는 독해를 돕는 TIP에서는 중국어 문장을 해석할 때 좀 더 쉽게 할 수 있도록 알아두어야 할 기본 지식들을 나열하고, 예문을 들어가며 비교 설명해 놓았다.

권말에는 찾아보기를 두어 각 단어가 본문에 쓰인 과를 표기하여 찾아볼 수 있도록 하였다.

2004년 5월

朱子仪 · 郑蕊

목차

01

 정독

年轻人的节日多

젊은이들의 명절이 많다

 속독

去酒吧

바(bar)에 가자

年轻人的节日多

글자수 : 264 자 / 독해 시간 : 4 분 / 문제풀이 시간 : 15 분

现在的中国年轻人过的节日越来越多，除了中国传统的节
Xiànzài de Zhōngguó niánqīngrén guò de jiérì yuèláiyuè duō, chúle Zhōngguó chuántǒng de jié-

日以外，又加上了很多西方的节日，有的年轻人甚至更喜欢过
rì yǐwài, yòu jiāshàng le hěn duō xīfāng de jiérì, yǒude niánqīngrén shènzhì gèng xǐhuan guò

西方的节日。这是因为，中国传统节日经常与食物有关系，如
xīfāng de jiérì. Zhè shì yīnwèi, Zhōngguó chuántǒng jiérì jīngcháng yǔ shíwù yǒu guānxi, rú

春节的饺子，端午节的粽子，中秋节的月饼。现在人们的生活
Chūnjié de jiǎozi, Duānwǔjié de zòngzi, Zhōngqiūjié de yuèbing. Xiànzài rénmen de shēnghuó

水平提高了，这些食物平时也能经常吃到，不是非要等到节日
shuǐpíng tígāo le, zhèxiē shíwù píngshí yě néng jīngcháng chīdào, búshì fēi yào děngdào jiérì

才吃。所以，这些节日对年轻人当然就没多少吸引力了。年轻
cái chī. Suǒyǐ, zhèxiē jiérì duì niánqīngrén dāngrán jiù méi duōshǎo xīyǐnlì le. Niánqīng-

人喜欢玩，西方的一些节日恰恰满足了他们。比如"圣诞节"，
rén xǐhuan wán, xīfāng de yìxiē jiérì qiàqià mǎnzú le tāmen. Bǐrú "Shèngdànjié",

圣诞夜有圣诞晚会、圣诞树和圣诞老人，很热闹，很有意思，
Shèngdànyè yǒu Shèngdàn wǎnhuì、Shèngdànshù hé Shèngdànlǎorén, hěn rènao, hěn yǒu yìsi,

人们可以玩一晚上。此外，二月的"情人节"、十一月的"万
rénmen kěyǐ wán yì wǎnshang. Cǐwài, èr yuè de "Qíngrénjié"、shíyī yuè de "Wàn-

圣节"，也都被年轻人用来丰富自己的幸福生活。
shèngjié", yě dōu bèi niánqīngrén yònglái fēngfù zìjǐ de xìngfú shēnghuó.

过 guò 동 지나다, 경과하다

节日 jiérì 명 명절, 기념일

传统 chuántǒng 명형 전통(의)

甚至 shènzhì 접 심지어, ~조차도

食物 shíwù 명 음식물

如 rú 동 예를 들면, 예컨대

粽子 zòngzi 명 쫑즈 [찹쌀에 대추 따위를 넣어 댓잎이나 갈잎에 싸서 쪄 먹는 단옷날 음식의 한 가지]

月饼 yuèbing 명 위에빙 [중국에서 추석 때 먹는 음식의 한 가지]

提高 tígāo 동 향상시키다, 끌어올리다

吸引力 xīyǐnlì 명 흡인력

恰恰 qiàqià 부 꼭, 바로, 마침

满足 mǎnzú 동 만족시키다

此外 cǐwài 접 이 밖에, 이 외에

用来 yònglái 동 ~에 쓰(이)다, 사용하다

丰富 fēngfù 형동 풍부하다, 풍부하게 하다

고유명사

端午节 Duānwǔjié 단옷날

中秋节 Zhōngqiūjié 추석

圣诞节 Shèngdànjié 크리스마스

情人节 Qíngrénjié 발렌타인 데이

万圣节 Wànshèngjié 만성절

1 除了中国传统的节日以外，又加上了很多西方的节日

‘除了……以外’는 ‘말한 것 이외에 또 다른 것이 있다’는 의미로, 뒷부분에 ‘还’‘也’ ‘只’ 등과 호응한다.

> 例 这个餐厅除了中餐以外，还卖快餐。
> 이 음식점은 중국음식 외에 패스트푸드도 판다.
>
> 这种手表除了式样美观，也很耐用。
> 이 손목시계는 모양이 예쁠 뿐만 아니라, 수명도 길다.

2 中国传统节日经常与食物有关系

‘与……有关系’는 ‘~과 관계가 있다’는 의미이다. 여기서 ‘与’는 개사로 ‘~과, ~에 게’라는 뜻을 나타내고, ‘有关系’ 대신에 ‘有关’을 써도 된다. 반댓말은 ‘与……没有 关系(~과 관계가 없다)’이다.

> 例 气象专家认为非典传播与气象条件有关系。
> 기상 전문가는 사스의 확산이 기상 조건과 관계가 있다고 말한다.

3 不是非要等到节日才吃

‘~이 아니면 …할 수 없다’는 의미로, 반드시 어떤 조건이 있어야 어떤 결과가 나올 수 있음을 나타낸다.

> 例 你非亲自去请，他才会来。
> 네가 직접 가서 청해야만 그가 올 것이다.

4 被年轻人用来丰富自己的幸福生活

‘被’ 뒤에는 동작·작용을 행하는 주동자가 위치해, 주동자에 의해 동작이 이루어진다 는 피동의 뜻을 나타낸다. 주동자 없이 바로 동사 앞에 쓰여 피동을 나타내기도 한다.

> 例 它被我用来减肥。
> 이것은 내가 다이어트하는 데 사용한다.
>
> 海豚的灵性被用来表演。
> 돌고래의 영리함은 공연에 쓰인다.

餐厅 cāntīng 음식점 ┃ 快餐 kuàicān 패스트푸드 ┃ 手表 shǒubiǎo 손목시계 ┃ 式样 shìyàng 모양
┃ 耐用 nàiyòng 오래가다 ┃ 非典 fēidiǎn 급성호흡기증후군(SARS) ┃ 亲自 qīnzì 직접 ┃ 减肥 jiǎnféi
다이어트 ┃ 海豚 hǎitún 돌고래 ┃ 灵性 língxìng 영리함 ┃ 表演 biǎnyǎn 공연

1 　본문을 읽고 다음 빈칸을 채우시오.

1 课文中提到的中国的传统节日有＿＿＿＿＿＿＿＿＿＿＿＿＿＿＿＿。

2 课文中提到的西方的节日有＿＿＿＿＿＿＿＿＿＿＿＿＿＿＿＿＿。

3 课文中提到中国传统节日吃的食物有＿＿＿＿＿＿＿＿＿＿＿＿。

4 课文中形容年轻人喜欢过的节日时用到了哪些词？＿＿＿＿＿＿＿。

2 　본문 내용에 근거하여 다음 빈칸에 들어갈 답을 고르시오.

1 过中国的传统节日＿＿＿＿＿＿＿。
   A 都要吃饺子
   B 食物是很重要的内容
   C 对年轻人很有吸引力

2 年轻人节日多是因为他们＿＿＿＿＿＿＿。
   A 过中国节日，也过西方的节日
   B 喜欢玩，每天都是节日
   C 经常可以吃到好吃的东西

3 西方的一些节日可能＿＿＿＿＿＿＿。
   A 吸引老年人
   B 满足不了小孩子的要求
   C 吸引年轻人

4 中国传统节日里吃的食物＿＿＿＿＿＿＿。
   A 不是经常能吃到的
   B 年轻人自己不会做
   C 经常吃就没有吸引力了

5 在年轻人过的节日里，没有提到＿＿＿＿＿＿＿。
   A 母亲节　　　　　　B 情人节　　　　　　C 中秋节

3　다음 밑줄 친 부분과 같은 뜻을 가진 것을 고르시오.

1　现在人们生活水平提高了，这些食物平时也能经常吃到……
　　A　每天上午　　　　　　B　平常时候　　　　　　C　不上班的时候

2　这些食物平时也能经常吃到，不是非要等到节日才吃。
　　A　一定要　　　　　　　B　不要　　　　　　　　C　很需要

3　年轻人喜欢玩，西方的一些节日恰恰满足了这一点。
　　A　非常　　　　　　　　B　合适　　　　　　　　C　正好

4　此外，二月的"情人节"、十一月的"万圣节"也都被年轻人用来丰富自己的幸福生活。
　　A　除了这些，还有别的
　　B　到了这个时候
　　C　特别重要的是

4　다음 빈칸에 들어갈 동사를 보기에서 골라 써 넣으시오.

보기　等　吃　满足　加　玩　有　过　丰富　吸引

1　在这么多的节日里，有的年轻人甚至更喜欢＿＿＿＿西方的节日。

2　这些食物不是非要＿＿＿＿到节日才吃。

3　过圣诞节可以＿＿＿＿一晚上。

4　传统的过节方式＿＿＿＿不了他们的需要。

5　这些外来的节日都被年轻人用来＿＿＿＿自己的幸福生活。

6　年轻人过的节日越来越多，除了中国传统的节日以外，又＿＿＿＿上了很多西方的节日。

去酒吧

글자수：275 자 / 독해 시간：3 분 / 문제풀이 시간：8 분

忙完一天的工作，你能不能把心中的不快或者家务事放
Mángwán yìtiān de gōngzuò, nǐ néng bu néng bǎ xīnzhōng de búkuài huòzhě jiāwùshì fàng-

在一边，带上妻子，或者找几个朋友，去那个办公室里的年轻
zài yìbiān, dàishàng qīzi, huòzhě zhǎo jǐ ge péngyou, qù nà ge bàngōngshìli de niánqīng-

人常常聚会的地方？试试吧，也许这可以改变一下你的生活。
rén chángcháng jùhuì de dìfang? Shìshi ba, yěxǔ zhè kěyǐ gǎibiàn yíxià nǐ de shēnghuó.

那个地方，就是酒吧。
Nà ge dìfang, jiùshì jiǔbā.

几年前，"酒吧"这两个字，大多数人都觉得不是个好词，
Jǐ nián qián, "jiǔbā" zhè liǎng ge zì, dàduōshù rén dōu juéde búshì ge hǎo cí,

不少人对酒吧的出现很反感。这也难怪，这种从外国学过来
bùshǎo rén duì jiǔbā de chūxiàn hěn fǎngǎn. Zhè yě nánguài, zhèzhǒng cóng wàiguó xué guòlái

的东西，刚开始的时候总是让传统的中国人把它与"不健康"
de dōngxi, gāng kāishǐ de shíhou zǒngshì ràng chuántǒng de Zhōngguórén bǎ tā yǔ "bú jiànkāng"

联系在一起，比如酗酒、乱交朋友。不过，随着经济的发展，
liánxì zài yìqǐ, bǐrú xùjiǔ、luànjiāo péngyou. Búguò, suízhe jīngjì de fāzhǎn,

中国人，特别是年轻人的精神世界越来越丰富，对各种外来
Zhōngguórén, tèbié shì niánqīngrén de jīngshén shìjiè yuèláiyuè fēngfù, duì gèzhǒng wàilái

文化的接受能力也越来越强。慢慢的，街上的酒吧越来越多
wénhuà de jiēshòu nénglì yě yuèláiyuè qiáng. Mànmānde, jiēshang de jiǔbā yuèláiyuè duō

了。也许有一天，你也会走进街上的一个酒吧——以前让你
le. Yěxǔ yǒuyìtiān, nǐ yě huì zǒujìn jiēshang de yí ge jiǔbā—yǐqián ràng nǐ

皱眉的地方。
zhòu méi de dìfang.

酒吧 jiǔbā 명 (서양식) 술집, 바

忙 máng 동 서둘러 ~하다

不快 búkuài 형 불쾌하다

家务 jiāwù 명 가사, 집안일

找 zhǎo 동 찾아가다, 방문하다

聚会 jùhuì 동 모이다, 회합하다

大多数 dàduōshù 명 대다수

反感 fǎngǎn 형 반감을 가지다

难怪 nánguài 동 부 나무랄 수 없다 ; 어쩐지

酗酒 xùjiǔ 동 주정하다, 취해서 난폭하게 굴다

乱 luàn 부 제멋대로, 마구

随着 suízhe 개 ~에 따라

接受 jiēshòu 동 받아들이다, 수락하다

能力 nénglì 명 능력

强 qiáng 형 강하다

皱眉 zhòu méi 동 눈살을 찌푸리다

1 你能不能把心中的不快**或者**家务事放在一边

'或者'는 두 개 혹은 그 이상에서 하나를 선택할 때 쓰인다.

> 예 他们约定明年或者后年会见。
> 그들은 내년이나 내후년에 만나자고 약속했다.
>
> 我想买掌上电脑或者数码相机。
> 나는 PDA나 디지털카메라를 사고 싶다.

2 **试试吧**，也许这可以改变一下你的生活

동사를 반복하면 '좀 ~해 보다', '한번 ~해 보다'라는 뉘앙스를 나타낸다.
또 '吧'는 명령문의 문미에 쓰여 상의나 상담의 어기를 나타낸다.

> 예 你说说你的意见吧。
> 네 의견을 좀 말해 보렴.
>
> 我们先看看他怎么做吧。
> 우선 그가 어떻게 하는지 좀 지켜보자.

3 **让**传统的中国人**把**它**与**"不健康"**联系在一起**

이 문장은 언뜻 보기에 많이 복잡해 보이지만, 자세히 보면 그렇지도 않다. '让' 이하 절은 모두 '传统的中国人'이 행위의 주체자이고, '把'는 '~을 어떻게 한다'는 처치를 나타낸다. 따라서 이 문장은 "전통적인 중국인들은 그것을 '불건전'한 것과 함께 치부한다"가 되는 것이다.

4 **随着**经济的发展, 中国人, 特别是年轻人的精神世界越来越丰富

'随着'는 어떤 상황의 변화가 다른 상황이 발생하는 것을 전제로 한다는 의미이다.

> 예 随着生产的发展，人民的生活水平也逐步提高。
> 생산이 발전함에 따라 사람들의 생활 수준도 점차 향상되었다.

约定 yuēdìng 약속하다 | 会见 huìjiàn 접견하다 | 掌上电脑 zhǎngshàng diànnǎo PDA | 数码相机 shùmǎ xiàngjī 디지털카메라 | 逐步 zhúbù 점차

1 ▸ 본문 내용에 근거하여 다음 물음에 알맞은 답을 고르시오.

　　1　作者觉得酒吧是一个什么样的地方？
　　　　A　让人反感的地方
　　　　B　只有年轻人才去的地方
　　　　C　可以让人放松的地方

　　2　几年前人们大多认为酒吧怎么样？
　　　　A　外国的、不健康的
　　　　B　可以丰富日常生活
　　　　C　可以改变一下生活

　　3　现在人们为什么能接受酒吧？
　　　　A　收入增加了
　　　　B　精神世界丰富了
　　　　C　有空闲时间了

　　4　过去人们对酒吧的看法，以下哪一种在课文里没有提到？
　　　　A　交不好的朋友
　　　　B　喝酒太多
　　　　C　花钱太浪费

　　5　可以和你一起去酒吧的人，课文里没有提到哪一种？
　　　　A　朋友　　　　　　　B　父母　　　　　　　C　妻子

2 ▸ 다음 구나 문장에 대한 해석으로 맞는 것을 고르시오.

　　1　你……把心中的不快或者家务事放在一边
　　　　A　你心中的不快或者家务事都不存在了
　　　　B　你别管心中的不快或者家务事
　　　　C　你总是在想心中的不快或者家务事

2 （你）去那个办公室里的年轻人常常聚会的地方
   A 你去的地方别人没去过
   B 你去的地方有的同事经常去
   C 你和同事们常在那里聚会

3 大多数人觉得 "酒吧" 是个不好的词
   A 不少人认为 "酒吧" 不是个该去的地方
   B 很多人不理解 "酒吧" 的意思
   C 词典里找不到 "酒吧" 这个词

4 刚开始的时候总是让传统的中国人把它与 "不健康" 联系在一起
   A 开始时有人觉得去酒吧对身体不好
   B 开始时人们就觉得这没有什么问题
   C 开始时有人觉得这个情况不太正常

5 乱交朋友
   A 交不该交的朋友　　　B 交很多的朋友　　　C 交不到朋友

6 这也难怪
   A 这不能怪别人
   B 这很奇怪
   C 这不奇怪

7 随着经济的发展，中国人的精神世界越来越丰富
   A 经济发展了，中国人精神方面也丰富了
   B 中国人精神世界丰富以后才有了经济的发展
   C 经济发展不会引起中国人精神方面的变化

8 走进街上的一个酒吧 —— 以前让你皱眉的地方
   A 去你以前不喜欢的酒吧
   B 去你以前没去过的酒吧
   C 去你以前很感兴趣的酒吧

'不'와 '没有'의 차이

이 두 부정사는 중국인들조차도 간혹 틀릴 정도로 쉽고도 어려운 것이다. '不'는 현재나 미래의 동작·행위에 대한 부정을 나타내며, 주로 '않는다/않겠다'의 의미로 표현된다. '没有'는 과거의 동작, 행위에 대한 부정을 나타내며, 주로 '않았다/못했다'의 의미로 표현된다.

❶ 我不去吃饭了。
나는 밥을 먹으러 가지 않겠다.

❷ 我没去吃饭。
나는 밥을 먹으러 가지 않았다/못했다.

주의할 것은, 학습자들이 [예문1]을 '나는 밥을 먹으러 가지 않았다'라고 해석하는 경우가 많은데, 이는 잘못된 것이다. 여기서 '了'는 동작의 완성이 아닌, 심리적 변화를 나타내는 상태조사이다.

'不'는 주관적인 의지를 나타내고, '没有'는 객관적인 사실을 서술한다. 아래 두 예문을 비교해 보자.

❸ 今天的会议他不参加。
그는 오늘 회의에 참석하지 않는다/참석하지 않기로 했다.

❹ 今天的会议他没有参加。
그는 오늘 회의에 참석하지 못했다/참석하지 않았다.

02

 정독

天气预报

일기 예보

 속독

黄金周游客人数

황금 연휴의 관광객 수

天气预报

글자수 : 269 자 / 독해 시간 : 4 분 / 문제풀이 시간 : 15 분

今天一大早，天上的云就很厚，几乎看不到太阳，气温较

Jīntiān yídàzǎo, tiānshang de yún jiù hěn hòu, jīhū kàn bu dào tàiyáng, qìwēn jiào

低。今天后半夜，本市开始下雪，预计可能会一直下到明天白

dī. Jīntiān hòubànyè, běnshì kāishǐ xià xuě, yùjì kěnéng huì yìzhí xiàdào míngtiān bái-

天。随着较强冷空气的到来，天空慢慢变晴，会刮起偏北风，风

tiān. Suízhe jiào qiáng lěng kōngqì de dàolái, tiānkōng mànmān biàn qíng, huì guāqǐ piānběifēng, fēng-

力可达四五级。虽然气温不会很快下降，但人们会感觉很冷，

lì kě dá sì wǔ jí. Suīrán qìwēn búhuì hěn kuài xiàjiàng, dàn rénmen huì gǎnjué hěn lěng,

外出的朋友应该多穿衣服。晚上风力会减少到三四级。星期日

wàichū de péngyou yīnggāi duō chuān yīfu. Wǎnshang fēnglì huì jiǎnshǎo dào sān sì jí. Xīngqīrì

天气晴朗，阳光充足，但是气温却很低。预计星期六星期日的最

tiānqì qínglǎng, yángguāng chōngzú, dànshì qìwēn què hěn dī. Yùjì xīngqīliù xīngqīrì de zuì

高气温为 0~1℃，最低气温在零下 6~8℃。
gāo qìwēn wéi líng dào yī shèshìdù, zuì dī qìwēn zài língxià liù dào bā shèshìdù.

这场雪会给交通带来不利影响。雪天路滑，司机朋友开车
Zhè cháng xuě huì gěi jiāotōng dàilái búlì yǐngxiǎng. Xuětiān lù huá, sījī péngyou kāi chē

要注意慢行，行人也要注意安全。明后两天的天气不适合爬山、
yào zhùyì mànxíng, xíngrén yě yào zhùyì ānquán. Míng hòu liǎngtiān de tiānqì bú shìhé pá shān、

跑步等户外活动，也不适合洗车，打算洗车的朋友最好还是等
pǎobù děng hùwài huódòng, yě bú shìhé xǐ chē, dǎsuan xǐ chē de péngyou zuìhǎo háishi děng

雪后天晴了再洗。
xuě hòu tiān qíng le zài xǐ.

새로 나온 단어

预报 yùbào 통 예보하다

一大早 yídàzǎo 명 이른 아침

几乎 jīhū 부 거의

气温 qìwēn 명 기온

预计 yùjì 통 예상하다, 전망하다

刮 guā 통 바람이 불다

偏 piān 형 치우치다, 편향되다

达 dá 통 도달하다, 이르다

下降 xiàjiàng 통 낮아지다, 떨어지다

市民 shìmín 명 시민

晴朗 qínglǎng 형 맑다, 말끔히 개다

充足 chōngzú 형 충분하다

零下 língxià 명 영하, 영도 이하

滑 huá 형 미끄럽다

慢行 mànxíng 통 서행하다

户外 hùwài 명 야외, 실외

1 今天一大早，天上的云**就**很厚

여기서 '就'는 시간·때를 나타내는 말 뒤에 위치해서 '이미' '벌써' '일찍이 그러하다' 는 의미를 나타낸다.

> 예 风早晨就住了。
> 바람은 아침에 이미 멎었다.
>
> 他去年就参加了捐款活动。
> 그는 작년에 이미 모금활동에 참여했다.

2 **预计**可能会**一直**下到明天白天

본문은 일기예보 형식의 글이다. '预计'는 '전망하다' '예측하다'란 뜻으로, 신문이나 방송 보도와 같이 통계가 뒷받침되는 문장에 많이 쓰인다.
'一直'는 '끊임없이' '내내'란 뜻으로, 어떤 상태가 일정 시간 줄곧 변하지 않음을 나타낸다.

3 **虽然**气温不会很快下降，**但**人们会感觉很冷。

'虽然'은 흔히 '但' '可是' '却' 등과 어울려 '비록 ~일지라도' '설령 ~일지라도'란 뜻을 나타낸다.

> 예 虽然我喜欢他，可是我不想帮助他。
> 그를 좋아하기는 하지만, 그를 돕고 싶지는 않다.
>
> 虽然那个商店品种全，但服务态度不怎么样。
> 저 상점이 제품이 다양하기는 하지만, 서비스 태도가 별로다.

4 打算洗车的朋友最好**还是**等雪后天晴了再洗。

'还是'는 '~하는 편이 좋다'라는 의미로 해석되며, 비교나 우열을 따져서 비교적 만족스러운 방법을 선택하는 것을 나타낸다.

> 예 你忙，还是我去吧！
> 너는 바쁘니까 내가 가는 게 좋겠어!
>
> 还是要这个吧，比那个好看！
> 이걸로 하는 게 낫겠어, 저것보다 예쁜걸!

早晨 zǎochén 아침 | 捐款 juānkuǎn 기부금, 헌납금 | 品种 pǐnzhǒng 제품의 종류 | 全 quán 완비하다 | 不怎么样 bù zěnmeyàng 별로 좋지 않다 | 好看 hǎokàn 예쁘다

1 본문을 읽고 다음 빈칸을 채우시오.

　1　今天的天气情况＿＿＿＿＿＿＿＿＿＿＿＿＿＿＿＿＿＿＿＿＿。

　2　星期六星期日的天气情况＿＿＿＿＿＿＿＿＿＿＿＿＿＿＿＿。

　3　课文第一段提到天气对人会有什么影响？要注意什么？

　　　＿＿＿＿＿＿＿＿＿＿＿＿＿＿＿＿＿＿＿＿＿＿＿＿＿＿＿。

　4　下雪对人们开车和活动会有什么不便？有哪些劝告？

　　　＿＿＿＿＿＿＿＿＿＿＿＿＿＿＿＿＿＿＿＿＿＿＿＿＿＿＿。

2 본문 내용에 근거하여 다음 빈칸에 들어갈 답을 고르시오.

　1　今天早晨＿＿＿＿＿＿＿＿。
　　A　温度较高　　　　　　B　太阳光不足　　　　C　开始下雪

　2　今天晚上＿＿＿＿＿＿＿＿。
　　A　开始刮风　　　　　　B　天空的云更厚　　　C　开始下雪

　3　星期日＿＿＿＿＿＿＿＿。
　　A　最低气温0~1℃　　B　天气晴朗　　　　C　刮起偏南风

　4　这场雪＿＿＿＿＿＿＿＿。
　　A　给开车带来麻烦
　　B　不会有不利影响
　　C　使空气变得新鲜，适合爬山

　5　打算洗车的朋友＿＿＿＿＿＿＿＿。
　　A　可以用雪洗车　　　　B　赶快洗汽车　　　C　等下完雪再洗

　6　这三天的天气＿＿＿＿＿＿＿＿。
　　A　有雪，气温也低　　B　没有风，但较冷　　C　每天后半夜都下雪

3 ▶ 다음 밑줄 친 부분과 같은 뜻을 가진 것을 고르시오.

1 今天后半夜，本市开始下雪，<u>预计</u>可能会一直下到明天白天。
   A 提出明天的计划
   B 仔细进行计算
   C 估计将来的情况

2 ……天空慢慢变晴，会刮起偏北风，风力<u>可达</u>四五级。
   A 可以是　　　　　　B 可以到　　　　　　C 可是

3 星期日天气晴朗，阳光<u>充足</u>，但是气温却很低。
   A 满足需要　　　　　B 还是不太够　　　　C 给人温暖

4 雪天路滑，司机朋友开车要注意<u>慢行</u>……
   A 车开得很慢　　　　B 车开得很快　　　　C 不能开车

5 明后两天的天气不适合爬山、跑步等<u>户外活动</u>……
   A 家庭里的活动　　　B 屋子外面的活动　　C 去外地旅游

4 ▶ 다음 빈칸에 들어갈 동사를 보기에서 골라 써 넣으시오.

> 보기　刮　变　带　到来　下　下降　适合　为　穿

1 今天后半夜，本市开始下雪，预计可能会一直______到明天白天。

2 随着较强冷空气的到来，天空慢慢______晴。

3 人们会感觉特别冷，市民朋友应该多______衣服。

4 预计周六周日的最高气温______0~1℃。

5 这场降雪会给交通运输______来不利影响。

6 明后两天的天气条件不______登山、晨练等户外活动。

7 冷空气______的时候，会有四五级的风。

黄金周游客人数

글자수 : 279 자 / 독해 시간 : 3 분 / 문제풀이 시간 : 8 분

从昨天（也就是 5 月 5 日）开始，北京各主要旅游景点的
Cóng zuótiān (yě jiùshì wǔ yuè wǔ rì) kāishǐ, Běijīng gè zhǔyào lǚyóu jǐngdiǎn de

人数开始明显减少。昨天本市全天游客人数已下降到约 64 万
rénshù kāishǐ míngxiǎn jiǎnshǎo. Zuótiān běnshì quántiān yóukè rénshù yǐ xiàjiàng dào yuē liùshísì wàn

人次，明显低于这次"五一"假期"黄金周"最高峰日（5 月 3 日）
réncì, míngxiǎn dīyú zhè cì "Wǔyī" jiàqī "huángjīnzhōu" zuìgāofēngrì (wǔ yuè sān rì)

的近百万人次。
de jìn bǎiwàn réncì

在北京的主要景点中，八达岭长城、故宫、世界公园、颐
Zài Běijīng de zhǔyào jǐngdiǎn zhōng, Bādálǐng Chángchéng、Gùgōng、Shìjiè Gōngyuán、Yí-

和园昨日的游客数分别为 4.1 万、3.91 万、2.06 万和 6 万人次，都
héyuán zuórì de yóukèshù fēnbié wéi sì diǎn yī wàn、sān diǎn jiǔ yī wàn、èr diǎn líng liù wàn hé liù wàn réncì, dōu

已低于5月4日的游客人数。其中除了八达岭景区的游客数比
yǐ dīyú wǔ yuè sì rì de yóukè rénshù. Qízhōng chúle Bādálǐng jǐngqū de yóukèshù bǐ

去年同期上升10%左右，故宫、世界公园、颐和园的游客数
qùnián tóngqī shàngshēng bǎi fēn zhī shí zuǒyòu, Gùgōng, Shìjiè Gōngyuán, Yíhéyuán de yóukèshù

都比去年同期下降了约10%。
dōu bǐ qùnián tóngqī xiàjiàng le yuē bǎi fēn zhī shí.

专家介绍，按以往"黄金周"的惯例，5月2日应是游客
Zhuānjiā jièshào, àn yǐwǎng "huángjīnzhōu" de guànlì, wǔ yuè èr rì yīng shì yóukè

最高峰日，但是由于那天北京有雨，游客最高峰日出现了在5
zuìgāofēngrì, dànshì yóuyú nàtiān Běijīng yǒu yǔ, yóukè zuìgāofēngrì chūxiàn le zài wǔ

月3日。5月4日后游客人数就开始明显减少。
yuè sān rì. Wǔ yuè sì rì hòu yóukè rénshù jiù kāishǐ míngxiǎn jiǎnshǎo.

黄金　huángjīn　명　황금

同期　tóngqī　명　같은[동일한] 시기

游客　yóukè　명　관광객, 여행객

上升　shàngshēng　통　향상하다, 증가하다

景点　jǐngdiǎn　명　경치가 좋은 곳, 명소

专家　zhuānjiā　명　전문가

人次　réncì　양　연인원

按　àn　개　~에 따라서, ~에 비추어

假期　jiàqī　명　휴가 기간, 휴일

以往　yǐwǎng　명　이전, 과거

高峰　gāofēng　명　최고점, 절정

惯例　guànlì　명　관례

分别　fēnbié　부　각각, 따로따로

明显　míngxiǎn　형　뚜렷하다, 분명하다

1 都已低于 5 月 4 日的游客人数

'低于……'는 '~보다 낮다'란 뜻으로, 여기서 '于'는 비교를 나타낸다. 그밖에 '大于(~보다 크다)' '少于(~보다 적다)' '高于(~보다 높다)' '好于(~보다 좋다)' 등의 용법이 있다.

> 예 这个月的收入低于上个月。
> 이번 달 수입은 저번 달보다 낮다.

2 其中除了八达岭景区的游客数比去年同期上升 10% 左右

'比'가 들어가는 비교문 형식은 'A+比+B+술어'로, 'A가 B보다 더 ~하다'란 뜻이다. 술어로는 보통 형용사나 동사가 온다. '比'는 부정사의 수식을 받을 수 있다.

> 예 他的皮鞋比我的好看。
> 그의 구두는 내 것보다 예쁘다.
>
> 今天不比昨天热。
> 오늘은 어제보다 덥지 않다.

3 按以往 "黄金周" 的惯例，5 月 2 日应是游客最高峰日

'按'은 어떤 행위나 동작을 함에 있어 따라야 하는 규칙이나 근거를 제시한다.

> 예 按规定，室内不能吸烟。
> 규정에 의하면, 실내에서는 담배를 필 수 없다.
>
> 按目前的情况看，我们的计划没什么问题。
> 현재 상황으로 볼 때, 우리의 계획은 별 문제 없다.

4 由于那天北京有雨，游客最高峰日出现了在 5 月 3 日

'由于'는 문장의 앞절에 놓여, 원인이나 이유를 이끈다. 위치는 주어의 앞뒤 모두에 놓일 수 있다.

> 예 两个人由于闹意见，只好各干各的了。
> 두 사람은 의견이 충돌해서, 서로 각자 알아서 할 수밖에 없었다.
>
> 由于时间关系，我只能简略地解释一下。
> 시간 관계상, 간략하게 설명해 줄 수밖에 없다.

皮鞋 píxié 구두 ┆ 吸烟 xī yān 담배를 피우다 ┆ 闹意见 nào yìjian 의견이 맞지 않다 ┆ 简略 jiǎnlüè 간략하다

1 ▸ 본문 내용에 근거하여 다음 물음에 알맞은 답을 고르시오.

1 这次"五一"假期"黄金周"游客人数最多的是哪一天？
A 5月2日
B 5月3日
C 5月4日

2 对这次游客的最高峰日，课文是什么看法？
A 推迟了
B 提前了
C 和预计的一样

3 故宫昨天的游客人数是多少？
A 6万人次
B 4.1万人次
C 3.91万人次

4 5月2日的天气情况怎么样？
A 晴朗
B 刮风
C 下雨

5 与去年5月4日相比，今年5月4日八达岭的游客人数是增加了还是减少了？
A 增加了
B 减少了
C 既不增加也不减少

2 ▸ 다음 구나 문장에 대한 해석으로 맞는 것을 고르시오.

1 昨天本市全天游客人数……
A 昨天这个城市从早到晚的游客人数

　　B　昨天这个城市上午的游客人数

　　C　昨天全国全部的游客人数

2　(昨天游客人数)明显低于这次"五一"假期"黄金周"最高峰日的近百万
　人次

　　A　比最高峰日多了不少

　　B　比最高峰日少了许多

　　C　达到最高峰日的人数

3　比去年同期下降了约10%

　　A　和去年一样下降了约10%

　　B　去年这个时候下降了约10%

　　C　和去年同一时期相比下降了约10%

4　按以往"黄金周"的惯例

　　A　按照过去"黄金周"的规定

　　B　按照过去"黄金周"通常的情况

　　C　按照过去"黄金周"的计划

5　游客最高峰日

　　A　游客人数最多的一天

　　B　游客人数最多的地方

　　C　旅游景点交通问题严重

3 ▶ 본문 내용에 근거하여 다음 빈칸에 알맞은 단어를 써 넣으시오.

　　在北京的主要 __1__ 中，八达岭长城、故宫、世界公园、颐和园昨日的游客数 __2__ 为4.1万、3.91万、2.06万和6万 __3__ ，都已低于5月4日的游客人数。 __4__ 除八达岭景区的游客数比去年同期上升10%左右外，故宫、世界公园、颐和园的游客数都比去年同期 __5__ 了约10%。

처치의 '把'자문

'把'는 중국어에서 사용 빈도가 매우 높다. 이런 '把'를 포함한 문장을 '把자문'이라고 하는데, 주로 사람이나 사물에 대한 처치와 영향을 나타낸다. '把' 뒤에 오는 목적어는 처치되거나 영향을 받는 대상이 되고, '把……'는 술어 앞에 위치한다.

❶ 我吃了一个苹果。
나는 <u>사과</u>를 먹었다.

❷ 我把苹果吃了。
나는 사과를 <u>먹었다</u>.

두 예문을 비교해 보면, [예문1]은 내가 '무엇'을 먹었는지를 청자에게 알려 주고 있고, [예문2]는 내가 그 사과를 '어떻게 처리했는지'를 알려 주고 있다. 따라서 이러한 처치의 의미를 나타내지 않을 경우 '把'를 사용하지 말아야 한다.

 정독

春节家庭团聚
"246" 变成 "421"

설날 가족 모임 '246'에서 '421'로 바뀌다

 속독

跟着妻子回
丈母娘家过年

아내를 따라 처가에 가서 설을 쇠다

春节家庭团聚 "246" 变成 "421"

글자수 : 382 자 / 독해 시간 : 5 분 / 문제풀이 시간 : 15 분

今年春节，北京人家庭团聚由 "246" 变成了 "421"：过
Jīnnián Chūnjié, Běijīngrén jiātíng tuánjù yóu "èr sì liù" biànchéng le "sì èr yī": Guò-

去妻子到丈夫的父母家过年，现在接两家老人到自己家团聚。
qù qīzi dào zhàngfu de fùmǔ jiā guò nián, xiànzài jiē liǎng jiā lǎorén dào zìjǐ jiā tuánjù.

王女士一家七口就是这样过年的：他们把双方的父母都接到了
Wáng nǔshì yì jiā qī kǒu jiùshì zhèyàng guò nián de: Tāmen bǎ shuāngfāng de fùmǔ dōu jiēdào le

自己家，一起吃年夜饭、包初一饺子。今年有不少年轻夫妻像
zìjǐ jiā, yìqǐ chī niányèfàn、bāo chūyī jiǎozi. Jīnnián yǒu bùshǎo niánqīng fūqī xiàng

王女士家这样，是和双方父母在一起过年的。他们说，独生子
Wáng nǔshì jiā zhèyàng, shì hé shuāngfāng fùmǔ zài yìqǐ guò nián de. Tāmen shuō, dúshēng zǐ-

女越来越多，节日亲人团聚的方式也该变了。
nǔ yuèláiyuè duō, jiérì qīnrén tuánjù de fāngshì yě gāi biàn le.

以前最常见的家庭团聚景象是"246"式：一对老夫妻和
Yǐqián zuì chángjiàn de jiātíng tuánjù jǐngxiàng shì "èr sì liù" shì: Yí duì lǎofūqī hé

儿子、儿媳、女儿、女婿，及五六个小孙子、孙女坐在一个大桌
érzi、érxí、nǚ'ér、nǚxu, jí wǔ liù ge xiǎosūnzi、sūnnǚ zuò zài yí ge dà zhuō-

子边吃饭。可在最近两年，在除夕的餐厅里、在大年初一的庙
zi biān chī fàn. Kě zài zuìjìn liǎng nián, zài chúxī de cāntīngli、zài dànián chūyī de miào-

会上，人们不时可以看见一对小夫妻搀扶两对老人、领着一个
huìshang, rénmen bùshí kěyǐ kànjiàn yí duì xiǎofūqī chānfú liǎng duì lǎorén、lǐngzhe yí ge

小孩，家庭团聚方式变为"421"。
xiǎohái, jiātíng tuánjù fāngshì biànwéi "sì èr yī".

王女士告诉记者："我和爱人都是最早的那批独生子女。
Wáng nǚshì gàosu jìzhě: "Wǒ hé àiren dōu shì zuì zǎo de nà pī dúshēng zǐnǚ.

以前节日团聚，大多是女方到男方父母家过年，那时每个家庭
Yǐqián jiérì tuánjù, dàduō shì nǚfāng dào nánfāng fùmǔ jiā guò nián, nà shí měi ge jiātíng

的子女多，女儿不在身边也不显得冷清。现在为了让两家老人
de zǐnǚ duō, nǚ'ér bú zài shēnbiān yě bù xiǎnde lěngqing. Xiànzài wèile ràng liǎng jiā lǎorén

都能在节日享受天伦之乐，我们决定和两家老人一起过年。"
dōu néng zài jiérì xiǎngshòu tiānlún zhī lè, wǒmen juédìng hé liǎng jiā lǎorén yìqǐ guò nián."

새로 나온 단어

团聚 tuánjù 图 한 자리에 모이다

口 kǒu 양 식구[사람을 셀 때 쓰임]

年夜饭 niányèfàn 명 제야에 먹는 음식

包 bāo 동 싸다, 싸매다

夫妻 fūqī 명 부부

景象 jǐngxiàng 명 광경, 모습

儿媳 érxí 명 며느리

女婿 nǚxu 명 사위

除夕 chúxī 명 섣달 그믐날(밤)

庙会 miàohuì 명 잿날 또는 일정한 날에 절 안이나 절 부근에 임시로 설치하던 (시)장

不时 bùshí 부 이따금, 종종

搀扶 chānfú 동 부축하다, 붙잡아 주다

领 lǐng 동 인솔하다, 이끌다

批 pī 양 (사람의) 일군, 일단

大多 dàduō 부 대부분, 거의 다

冷清 lěngqing 형 쓸쓸하다, 적적하다

享受 xiǎngshòu 동 누리다, 즐기다

1 **北京人家庭团聚由 "246" 变成了 "421"**

'由'는 사물의 범위·발전·변화의 기점을 나타내며, '~으로부터' '~에서'라는 뜻을 나타낸다.

> 예 火车票由 20 元调整为 23 元。
> 기차표는 20위엔에서 23위엔으로 조정되었다.

2 **人们不时可以看见一对小夫妻搀扶两对老人**

'不时'는 '늘' '종종'의 의미이다. 보통 서면어에 쓰이며, 반드시 주어 뒤에 위치한다.

> 예 他不时利用闲暇到博物馆去看看。
> 그는 종종 짬을 내서 박물관에 가서 구경한다.

3 **以前节日团聚，大多是女方到男方父母家过年**

'大多'는 '대다수' '대부분'의 의미로, 가리키는 사람이나 사물이 반드시 '大多' 앞에 위치한다. 부정형식을 수식할 수 있다.

> 예 那些游客大多来自东南亚。
> 저 여행객들은 대부분 동남아시아에서 왔다.

4 **现在为了让两家老人都能在节日享受天伦之乐**

'为了'는 '~을 위하여'란 뜻으로, 동작의 목적을 나타낸다. 내용을 먼저 말하고 그 내용이 목적으로 하는 바를 뒤에 말하는 경우, 주로 '为了' 앞에 '是'가 놓인다.

> 예 为了你，我什么事都肯做。
> 너를 위해서라면, 나는 어떤 일도 할 수 있다.
>
> 我这么做，都是为了你。
> 내가 이렇게 한 것은 모두 너를 위해서야.

调整 tiáozhěng 조정하다 ┃ 闲暇 xiánxiá 짬, 여가 ┃ 博物馆 bówùguǎn 박물관 ┃ 肯 kěn 기꺼이 ~ 하다

1 본문을 읽고 다음 빈칸을 채우시오.

1 课文里 "246" 的意思是＿＿＿＿＿＿＿＿＿＿＿＿＿＿＿＿＿＿＿＿。

2 课文里 "421" 的意思是＿＿＿＿＿＿＿＿＿＿＿＿＿＿＿＿＿＿＿＿。

3 家庭团聚方式发生变化的原因＿＿＿＿＿＿＿＿＿＿＿＿＿＿＿＿＿＿。

2 본문 내용에 근거하여 다음 빈칸에 들어갈 답을 고르시오.

1 王女士一家＿＿＿＿＿＿＿＿。
   A 去男方父母家吃年夜饭
   B 和双方父母去餐厅团聚
   C 把两家父母接到自己家过年

2 由于现在的年轻夫妻都是独生子女，＿＿＿＿＿＿＿＿。
   A 团聚的方式开始发生变化
   B 春节就一定要去庙会玩
   C 把双方父母都请来才热闹

3 按照过去的习惯，夫妻＿＿＿＿＿＿＿＿。
   A 去男方父母家团聚
   B 和双方父母一起过年
   C 去女方父母家团聚

4 现在的年轻夫妻有不少＿＿＿＿＿＿＿＿。
   A 是双职工
   B 是独生子女
   C 只要一个孩子

5 年轻夫妻和两家老人一起过年，是为了＿＿＿＿＿＿＿＿。
   A 节省时间，节省开支
   B 让孩子玩得更快乐
   C 让老人都不感到冷清

3 다음 밑줄 친 부분과 같은 뜻을 가진 것을 고르시오.

1 今年春节，北京人<u>家庭团聚</u>由"246"变成"421"。
　A 吃年夜饭和包饺子
　B 去看望父母
　C 全家人在一起过年

2 以前最常见的家庭团聚<u>景象</u>是"246"式。
　A 情景　　　　　　　B 方式　　　　　　　C 风景

3 人们<u>不时</u>可以看见一对年轻夫妻……
　A 经常　　　　　　　B 很小　　　　　　　C 一直

4 以前节日团聚，<u>大多</u>是女方到男方父母家过年……
　A 全部　　　　　　　B 大多数情况　　　　C 不太多

5 现在为了让两家老人都能在节日<u>享受天伦之乐</u>……
　A 参加愉快的活动　　B 互相见见面　　　　C 感到家庭的快乐

4 다음 빈칸에 들어갈 동사를 보기에서 골라 써 넣으시오.

> 보기 ┃ 看见　享受　搀扶　接　坐　领　决定　显得　包　团聚

1 过去妻子到丈夫父母家过年，现在＿＿＿＿＿两家老人到自己家团聚。

2 王女士一家七口一起吃年夜饭、＿＿＿＿＿初一饺子。

3 一对老夫妻和儿子、儿媳……＿＿＿＿＿在一个大桌子边吃饭。

4 人们不时会看见一对小夫妻＿＿＿＿＿两对老人、＿＿＿＿＿着一个小孩。

5 那时每个家庭的子女多，女儿不在身边也不＿＿＿＿＿冷清。

6 现在为了让两家老人都能在节日＿＿＿＿＿天伦之乐，我们＿＿＿＿＿和两家老人一起过年。

跟着妻子回丈母娘家过年

글자수 : 284 자 / 독해 시간 : 3 분 / 문제풀이 시간 : 8 분

以前，夫妻在男方父母家过年是不成文的规矩，但现在不
Yǐqián, fūqī zài nánfāng fùmǔ jiā guò nián shì bù chéngwén de guīju, dàn xiànzài bù-

少男士开始跟妻子去丈母娘家过年了。今年29岁的李先生去
shǎo nánshì kāishǐ gēn qīzi qù zhàngmuniáng jiā guò nián le. Jīnnián èrshíjiǔ suì de Lǐ xiānsheng qù-

年刚结婚，因为妻子家只有两位老人在家，妻子在过年前就提
nián gāng jiéhūn, yīnwèi qīzi jiā zhǐyǒu liǎng wèi lǎorén zài jiā, qīzi zài guò nián qián jiù tí-

出：年三十回娘家过，中秋节再到婆家去。李先生考虑到哥哥
chū: Nián sānshí huí niángjia guò, Zhōngqiūjié zài dào pójia qù. Lǐ xiānsheng kǎolǜdào gēge

会回家过年，觉得不能让"一家欢喜一家忧"，就同意了妻子
huì huí jiā guò nián, juéde bùnéng ràng "yì jiā huānxǐ yì jiā yōu", jiù tóngyì le qīzi

的要求，并说服了父母。孙女士已经是第二次带丈夫回娘家过
de yāoqiú, bìng shuōfú le fùmǔ. Sūn nǚshì yǐjīng shì dì èr cì dài zhàngfu huí niángjia guò

年了。她认为，现在都是独生子女了，如果按照旧传统，每年
nián le. Tā rènwéi, xiànzài dōu shì dúshēng zǐnǚ le, rúguǒ ànzhào jiù chuántǒng, měinián

除夕夜，女方的父母只能自己过，"谁家父母不想孩子，谁不
chúxīyè, nǚfāng de fùmǔ zhǐnéng zìjǐ guò, "shéi jiā fùmǔ bù xiǎng háizi, shéi bù

想一家人团圆呢。" 结婚两年的许先生采取的是另一种方式：
xiǎng yìjiārén tuányuán ne." Jiéhūn liǎng nián de Xǔ xiānsheng cǎiqǔ de shì lìng yì zhǒng fāngshì:

过年吃两顿饭。夫妻两人先在一家吃上半顿，然后再赶到另一
Guò nián chī liǎng dùn fàn. Fūqī liǎng rén xiān zài yì jiā chīshàng bàn dùn, ránhòu zài gǎndào lìng yì

家吃下半顿。这样，双方父母都满意。
jiā chīxià bàn dùn. Zhèyàng, shuāngfāng fùmǔ dōu mǎnyì.

새로 나온 단어

成文 chéngwén 형 문장으로 표현된, 서면으로 된

规矩 guīju 명 규율, 법칙

丈母娘 zhàngmuniáng 명 장모

提出 tíchū 동 제의하다, 제기하다

娘家 niángjia 명 친정

婆家 pójia 명 시집, 시댁

考虑 kǎolǜ 동 고려하다

欢喜 huānxǐ 형 기쁘다, 즐겁다

忧 yōu 형 근심하다, 우려하다

说服 shuōfú 동 설득하다, 납득시키다

团圆 tuányuán 형 가족이 흩어졌다 다시 모이다, 온 가족이 단란하게 지내다

采取 cǎiqǔ 동 (수단·태도를) 채택하다, 취하다

顿 dùn 양 끼니, 차례

1 **年三十回娘家过，中秋节再到婆家去**

'再'는 '~하고 나서' '~하고 난 뒤에'란 뜻으로, 반드시 주어 뒤에 위치한다.

> 예 你做完了功课再出去。
> 숙제를 다 하고 나서 나가라.
>
> 雨住了再走。
> 비가 갠 뒤에 가자.

2 **如果按照旧传统，每年除夕夜，女方的父母只能自己过**

'按照'는 '~에 따라' '~에 근거하여'란 의미이다. '按照'의 목적어는 반드시 이음절이나 다음절의 단어이거나 구여야 한다.

> 예 按照医生的指示吃药。
> 의사의 지시대로 약을 먹다.
>
> 按照常理，朋友生病，是应该去看望的。
> 일반적인 도리대로라면, 친구가 아프면 찾아가 보는 것이 당연하다.

3 **谁家父母不想孩子，谁不想一家人团圆呢**

'谁'는 반어문에 쓰여 '아무도 그러하지 않음'을 나타낸다.

> 예 谁不想赚钱。
> 모두가 돈을 벌고 싶어 한다.

4 **夫妻两人先在一家吃上半顿，然后再赶到另一家吃下半顿**

'然后'는 '그리고 나서'라는 뜻으로, 시간적으로 뒤라는 것을 나타낸다. 상황의 앞뒤 순서를 강조하기 위하여 먼저 발생한 일을 서술할 때 '先' '首先' 등을 쓰고, '然后' 뒤에는 '再'나 '才' 등을 쓰기도 한다.

> 예 我把作业做完，然后去打篮球。
> 나는 숙제를 다 하고 나서 농구를 하러 간다.

功课 gōngkè 숙제, 공부 ┃ 常理 chánglǐ 상식적인 도리 ┃ 看望 kànwàng 찾아가 보다 ┃ 赚钱 zhuàn qián 돈을 벌다 ┃ 篮球 lánqiú 농구

1 본문 내용에 근거하여 다음 물음에 알맞은 답을 고르시오.

  1 李先生一家今年春节有什么打算？
    A 在自己家过年
    B 去男方家过年
    C 去女方家过年

  2 李先生同意了妻子的意见，他是怎么考虑的？
    A 他没去过女方的家
    B 他哥哥可以和父母一起过年
    C 这是他们婚后第一个春节

  3 孙女士是第几次带老公回家过年了？
    A 第一次   B 第二次   C 第三次

  4 孙女士是怎么想的？
    A 当父母的都想和子女团圆
    B 去年去了男方的家，今年换一换
    C 应该与传统的做法相反

  5 许先生采取的是什么方式？
    A 今天去这家，明天去那家
    B 只去看望，不吃年夜饭
    C 同一顿饭去两家吃

2 다음 구나 문장에 대한 해석으로 맞는 것을 고르시오.

  1 不成文的规矩
    A 不是正式的规定，但大家都照着做
    B 现在已经不存在的风俗习惯
    C 只是嘴上说说，谁也不照着做

2 妻子在过年前就提出

    A 妻子在结婚前说过

    B 妻子在春节前说过

    C 妻子在前年说过

3 年三十回娘家过，中秋节再到婆家去

    A 除夕去男方家，中秋节去女方家

    B 除夕去女方家，中秋节去男方家

    C 除夕、中秋节都打算去女方家

4 一家欢喜一家忧

    A 家里有时快乐，有时发愁

    B 双方父母都有担心的事情

    C 只有一方的父母高兴

5 谁不想一家人团圆呢

    A 大家都想能够团圆

    B 不知道能不能团圆

    C 大家已不想团圆的事情了

6 过年吃两顿饭

    A 过年那一天少吃一顿饭

    B 年夜饭在两个地方吃

    C 过年在一个地方吃两顿饭

3 ▶ 본문 내용에 근거하여 다음 빈칸에 알맞은 단어를 써 넣으시오.

今年29岁的李先生去年刚结婚，因为妻子家只有两位老人在家，妻子在过年前就__1__：年三十回娘家过，中秋节再到婆家去。李先生__2__到哥哥会回家过年，__3__不能让"一家欢喜一家忧"，就同意了妻子的要求，并 __4__ 了父母。

피동의 '被'자문

'把'의 목적어가 의미상으로 동작의 지배를 받는 대상이라면, '被'의 목적어는 의미상으로 뒤에 나오는 동사의 주체, 가해자이다. 다시 말해, '被'는 어떤 사건의 주체자를 이끌어 내는 역할을 한다.

❶ 他被汽车撞伤了。　그는 자동차에 부딪혀 다쳤다.

개사 '叫' '让' '给'도 '被'와 같은 역할을 한다. 구어에서는 이 세 가지가 '被'보다 훨씬 많이 쓰인다.

❷ 那本书让人借走了。　그 책은 누가 빌려 갔다.

'被' '叫' '让'으로 이루어진 개사구 뒤에 '给'를 한 번 더 쓸 수 있다. 또, '被' 뒤의 가해자는 생략할 수 있는 반면, '叫'와 '让'의 가해자는 생략할 수 없다.

❸ 车叫他给弄坏了。　그가 차를 망가뜨렸다.

'被'는 원래 당사자가 원하지 않거나 일어나지 않길 바라는 일 등을 나타냈지만, 최근에는 과학·문학 용어 방면에서 이러한 한계를 벗어났고, 번역문의 영향으로 일상 용어에도 '被'자문을 많이 사용하고 있다.

❹ 中国电影第一次被介绍到英国去。
중국 영화가 처음으로 영국에 소개되었다.

❺ 眼睛打破了。　안경이 깨졌다.

04

정독

多事的父母和不听话的孩子

참견하는 부모와 말 안 듣는 자녀

속독

漂亮的少儿读物

예쁜 아동 도서

多事的父母和不听话的孩子

글자수 : 294 자 / 독해 시간 : 4 분 / 문제풀이 시간 : 15 분

"爸妈不让我晚回家，即使在同一个院里的同学家多呆一
"Bà mā bú ràng wǒ wǎn huí jiā, jíshǐ zài tóng yí ge yuànli de tóngxué jiā duō dāi yí-

会儿也不行。这么近，有什么不安全的！一放学回家爸妈就
huìr yě bù xíng. Zhème jìn, yǒu shénme bù ānquán de! Yí fàngxué huí jiā bà mā jiù

催我写作业，也不让我休息一会儿，写作业的事儿我自己知
cuī wǒ xiě zuòyè, yě bú ràng wǒ xiūxi yíhuìr, xiě zuòyè de shìr wǒ zìjǐ zhī-

道，不用他们催……"孩子们觉得父母太多事，不理解自己。
dào, búyòng tāmen cuī……" Háizimen juéde fùmǔ tài duōshì, bù lǐjiě zìjǐ.

"我给女儿在商场买了件衣服，放在家里两个月她也不穿，
"Wǒ gěi nǚ'ér zài shāngchǎng mǎi le jiàn yīfu, fàngzài jiāli liǎng ge yuè tā yě bù chuān,

她还问我：别人让你做你不愿意做的事情，你高兴吗？可是，
tā hái wèn wǒ: Biéren ràng nǐ zuò nǐ bú yuànyì zuò de shìqing, nǐ gāoxìng ma? Kěshì,

我女儿自己买的衣服我实在不喜欢……"父母们觉得孩子真难管。
wǒ nǚ'ér zìjǐ mǎi de yīfu wǒ shízài bù xǐhuan……" Fùmǔmen juéde háizi zhēn nán guǎn.

今晚北京电视台播出的《心理时间》，父母和孩子面对面
Jīnwǎn Běijīng Diànshìtái bōchū de 《Xīnlǐ shíjiān》, fùmǔ hé háizi miàn duì miàn

说出自己的心里话。专家建议双方应互相沟通理解。父母可以
shuōchū zìjǐ de xīnlihuà. Zhuānjiā jiànyì shuāngfāng yīng hùxiāng gōutōng lǐjiě. Fùmǔ kěyǐ

不同意孩子的观点，但要给他们一个说出来的机会。不要强迫
bù tóngyì háizi de guāndiǎn, dàn yào gěi tāmen yí ge shuō chūlái de jīhuì. Búyào qiǎngpò

他们做事儿，要告诉他们学会理解别人才是成熟的最重要的标
tāmen zuò shìr, yào gàosu tāmen xuéhuì lǐjiě biéren cái shì chéngshú de zuì zhòngyào de biāo-

志。
zhì.

새로 나온 단어

多事 duōshì 통 쓸데없는 일을 하다

听话 tīng huà 통 말을 (잘) 듣다, 순종하다

即使 jíshǐ 접 설령[설사] ~ 하더라도

呆 dāi 통 머무르다, 체재하다

催 cuī 통 다그치다, 재촉하다

实在 shízài 부 참으로, 정말

管 guǎn 통 단속하다, 통제하다

播出 bōchū 통 방송하다, 방영하다

心理 xīnlǐ 명 심리 (상태), 기분

建议 jiànyì 명통 건의(하다), 제안(하다)

沟通 gōutōng 통 교류하다, 소통하다

观点 guāndiǎn 명 관점, 입장

强迫 qiǎngpò 통 강요하다, 강제로 시키다

成熟 chéngshú 통 성숙하다

标志 biāozhì 명 표지, 상징

1 即使在同一个院里的同学家多呆一会儿也不行

'即使'는 '설사 ~할지라도'라는 뜻으로 가정이나 양보를 나타낸다. 주로 '也' '还'와 호응하며, 주어 앞에 놓일 수 있다.

> 예 这次考试，即使你考不好，也不能灰心。
> 이번 시험을 망치더라도 낙담하지 말아라.
>
> 即使天塌下来，我们也不怕。
> 하늘이 무너져 내린다 해도 우리는 두렵지 않다.

2 这么近，有什么不安全的！

'有什么……的'는 반문의 어기를 가지며, 동의하지 않거나 납득할 수 없음을 나타낸다.

> 예 大家都是一个班的同学，有什么不好意思的！
> 모두가 같은 반 친구들인데, 창피하고 말고가 어디 있어!

3 一放学回家爸妈就催我写作业

관련된 두 개의 사건이 연이어 발생함을 나타낼 때 '一……就……'를 사용한다. 앞뒤 문장의 주어는 같을 수도 있고 다를 수도 있다.

> 예 我一说他，他就不高兴了。
> 내가 뭐라고 하기만 하면, 그는 기분 나빠한다.
>
> 最近我一吃就吐。
> 최근에 나는 먹기만 하면 토한다.

4 父母和孩子面对面说出自己的心里话

'面对面'은 '얼굴을 맞대다' '직접 대면하다'란 뜻이다. 주어는 보통 복수이다.

> 예 两个人面对面坐着。
> 둘은 얼굴을 맞대고 앉아 있다.

灰心 huīxīn 낙담하다 ┃ 塌 tā 무너지다 ┃ 说 shuō 나무라다 ┃ 吐 tù 토하다

1 본문을 읽고 다음 빈칸을 채우시오.

  1 课文介绍的是＿＿＿＿＿＿＿＿＿＿＿＿＿＿＿＿＿＿＿。

  2 父母和孩子利用这个机会＿＿＿＿＿＿＿＿＿＿＿＿＿＿＿。

  3 孩子不满意父母的地方＿＿＿＿＿＿＿＿＿＿＿＿＿＿＿＿。

  4 父母不满意孩子的地方＿＿＿＿＿＿＿＿＿＿＿＿＿＿＿＿。

  5 专家对双方的建议＿＿＿＿＿＿＿＿＿＿＿＿＿＿＿＿＿＿。

2 본문 내용에 근거하여 다음 빈칸에 들어갈 답을 고르시오.

  1 父母要求孩子早回家主要是因为＿＿＿＿＿＿＿。
    A 怕孩子学习太累　　　B 怕不安全　　　C 怕孩子不预习

  2 孩子很不喜欢＿＿＿＿＿＿＿。
    A 父母催他们做作业
    B 父母叫他们多休息
    C 父母带他们去买东西

  3 孩子觉得父母＿＿＿＿＿＿＿。
    A 对自己非常关心　　　B 对自己比较理解　　　C 做没必要做的事

  4 女儿不穿父母买的衣服是因为＿＿＿＿＿＿＿。
    A 不喜欢这衣服　　　B 穿不上这衣服　　　C 舍不得穿它

  5 父母对孩子自己选的衣服＿＿＿＿＿＿＿。
    A 感到新鲜　　　B 不太关心　　　C 不能接受

  6 父母觉得孩子＿＿＿＿＿＿＿。
    A 不听话　　　B 不愉快　　　C 不努力

  7 这里所说的专家不可能是＿＿＿＿＿＿＿。
    A 心理学家　　　B 教育学家　　　C 历史学家

3 다음 밑줄 친 부분과 같은 뜻을 가진 것을 고르시오.

1 <u>这么近，有什么不安全的</u>！
   A 离家不远也会有危险
   B 离家不远不可能有危险
   C 离家远一点就不安全

2 <u>写作业的事我自己知道，不用他们催</u>……
   A 我知道他们会催我写作业
   B 没作业时他们也催我做作业
   C 我知道什么时候该写作业

3 要告诉他们学会理解别人才是<u>成熟的最重要的标志</u>。
   A 从这方面可以看出人成熟了
   B 成熟是非常重要的事情
   C 成熟不成熟需要表现出来

4 다음 빈칸에 들어갈 동사를 보기에서 골라 써 넣으시오.

> 보기 同意 播出 管 催 呆 强迫 说 理解 沟通 觉得

1 爸妈不让我晚回家，即使在同一个院里的同学家多______一会儿也不行。

2 一放学回家爸妈就______我写作业，也不让我休息一下。

3 今晚北京电视台______的《心理时间》，父母和孩子面对面______自己的心里话。

4 专家建议双方应互相______理解。

5 不要______他们做事儿，要告诉他们学会______别人才是成熟的最重要的标志。

漂亮的少儿读物

글자수 : 271 자 / 독해 시간 : 4 분 / 문제풀이 시간 : 8 분

元旦快到了，许多父母想买套漂亮的礼品书送给孩子。可
Yuándàn kuài dào le, xǔduō fùmǔ xiǎng mǎi tào piàoliang de lǐpǐnshū sònggěi háizi. Kě-

是他们发现，现在的儿童读物经常是几十元、一百多元一本，
shì tāmen fāxiàn, xiànzài de értóng dúwù jīngcháng shì jǐshí yuán、yìbǎi duō yuán yì běn,

几百元一套，感觉这些书真是太贵了。
jǐbǎi yuán yí tào, gǎnjué zhèxiē shū zhēnshì tài guì le.

记者在儿童书店采访了一个正在读书的小男孩。他告诉记
Jìzhě zài értóng shūdiàn cǎifǎng le yí ge zhèngzài dúshū de xiǎonánhái. Tā gàosu jì-

者，他已经一个人在这里看了一天书了，中午就在附近买点东
zhě, tā yǐjing yí ge rén zài zhèli kàn le yì tiān shū le, zhōngwǔ jiù zài fùjìn mǎi diǎn dōng-

西吃，母亲下午5点会来接他。他指着手里的书说："这套书
xi chī, mǔqin xiàwǔ wǔ diǎn huì lái jiē tā. Tā zhǐzhe shǒuli de shū shuō; "Zhè tào shū

一共有8本，内容丰富，很好看。可是我妈妈说太贵了，一本
yígòng yǒu bā běn, nèiróng fēngfù, hěn hǎokàn. Kěshì wǒ māma shuō tài guì le, yì běn

要40元，买一本还行，八本哪里买得起？所以我就常常来这
yào sìshí yuán, mǎi yì běn hái xíng, bā běn nǎli mǎi de qǐ? Suǒyǐ wǒ jiù chángcháng lái zhè-

里看。"
li kàn."

书店工作人员告诉记者，因为是给孩子们看的书，许多出
Shūdiàn gōngzuòrényuán gàosu jìzhě, yīnwèi shì gěi háizimen kàn de shū, xǔduō chū-

版社都用鲜艳的色彩、好看的封面和有趣的图画吸引孩子，这
bǎnshè dōu yòng xiānyàn de sècǎi、hǎokàn de fēngmiàn hé yǒuqù de túhuà xīyǐn háizi, zhè-

样的书价格就肯定不会便宜，很多家庭买不起。因此，不少家
yàng de shū jiàgé jiù kěndìng búhuì piányi, hěn duō jiātíng mǎi bu qǐ. Yīncǐ, bùshǎo jiā-

长希望出版单位能多出一些内容好、价格低的少儿图书。
zhǎng xīwàng chūbǎn dānwèi néng duō chū yìxiē nèiróng hǎo、jiàgé dī de shào'ér túshū.

少儿 shào'ér 몡 아동	鲜艳 xiānyàn 혱 (색이) 산뜻하고 아름답다
读物 dúwù 몡 도서	色彩 sècǎi 몡 색채
元旦 Yuándàn 몡 설날, 새해 첫날	封面 fēngmiàn 몡 책의 앞표지
礼品 lǐpǐn 몡 선물	有趣 yǒuqù 혱 재미있다
采访 cǎifǎng 동 취재하다, 인터뷰하다	图画 túhuà 몡 그림, 도화
接 jiē 동 맞이하다, 마중하다	吸引 xīyǐn 동 매료시키다, 끌어당기다
内容 nèiróng 몡 내용	家长 jiāzhǎng 몡 학부형, 보호자
出版社 chūbǎnshè 몡 출판사	单位 dānwèi 몡 (기관·단체 등의) 단위, 부문

1 元旦快到了

'快'는 매우 짧은 시간 내에 어떤 동작·현상이 출현할 것임을 나타낸다. 부정형식을 수식할 수 있으며, 뒤에는 주로 어기조사 '了'가 온다.

예 我的作业快做完了。
내 숙제는 거의 다 했다.

我来中国快两年了。
나는 중국에 온 지 거의 2년이 되었다.

2 感觉这些书真是太贵了

'真是'는 부사로 '정말' '사실상'이라는 뜻이며, '真'과 의미상의 차이는 없다.

예 你真是太能干了!
넌 정말 능력 있구나!

他的小女儿真是讨人喜欢。
그의 막내딸은 정말 너무 귀엽다.

3 他已经一个人在这里看了一天书了

'天'은 '시량사'이다. 시량사란 시간의 양을 세는 양사를 말하는데, '年' '星期' '小时', '分钟' '秒' 등이 모두 시량사이다.

예 学了一年汉语。
중국어를 1년 배웠다.

看了一小时电视。
텔레비전을 한 시간 보았다.

4 买一本还行，八本哪里买得起？

동사 뒤에 '得起'는 보어로, 재정 능력이 충분하거나 능력상 할 수 있다는 뜻을 나타낸다. 부정형은 '不起'이다.

예 价钱贵一点儿我也买得起。
값이 조금 비싸더라도 나는 살 능력이 된다.

能干 nénggàn 유능하다 ｜ 讨人喜欢 tǎo rén xǐhuan 남에게 귀여움을 받다

1 ▶ 본문 내용에 근거하여 다음 물음에 알맞은 답을 고르시오.

   1 书店里卖的少儿读物存在什么问题？
     A 虽然很漂亮，但内容不丰富
     B 虽然很漂亮，但价钱太贵
     C 虽然很漂亮，但孩子不喜欢

   2 那个小男孩为什么去书店？
     A 书店里卖吃的东西
     B 和妈妈约好在那里见面
     C 只是看书但不买书

   3 孩子说到的那套书大概要多少钱？
     A 8元　　　　　　　B 40元　　　　　　　C 320元

   4 为什么少儿图书价格不便宜？
     A 书漂亮才能吸引孩子
     B 内容好的书都不便宜
     C 人们把书当礼物送人

   5 家长们对少儿图书有什么要求？
     A 可以只看不买
     B 只要价格低就行
     C 内容丰富但价格低

2 ▶ 다음 구나 문장에 대한 해석으로 맞는 것을 고르시오.

   1 买套漂亮的礼品书
     A 买一套好看的礼物
     B 买一套书得到漂亮的礼物
     C 买一套可以当礼物送人的书

2 买一本还行，八本哪里买得起

    A 一本都买不起，八本就更买不起了

    B 一本买得起，八本根本买不起

    C 一本买得到，八本根本买不到

3 图书出版单位

    A 书店

    B 出版社

    C 父母的单位

4 用鲜艳的色彩……吸引孩子

    A 孩子会注意到鲜艳的颜色

    B 用色彩让孩子喜欢

    C 色彩鲜艳可能吸引不了孩子

3 본문 내용에 근거하여 다음 빈칸에 알맞은 단어를 써 넣으시오.

　　元旦快到了，许多父母想买套漂亮的礼品书送给孩子。可是他们＿1＿，现在的儿童＿2＿经常是几十元、一百多元一本，几百元一套，＿3＿这些书真是太贵了。

　　书店工作人员告诉记者，……，许多出版单位都＿4＿鲜艳的色彩、好看的封面和有趣的图画＿5＿孩子，这样价格就＿6＿不会便宜，很多家庭买不起。因此不少家长＿7＿出版单位能多出一些内容好、价格低的少儿图书。

사역문

중국어 문장을 읽다가 '叫' '让' '请'의 동사를 자주 보게 되는데, 이는 '~로 하여금 ~하게 하다'란 뜻을 나타내는 사역동사들이다. 시키는 쪽이 대부분 손윗사람이며, 지시를 받은 사람이 행동을 취하게 되는데, 상대방과의 상하관계에 따라서 각각 용법에 차이가 있다.

❶ 妈妈叫我洗碗。
엄마는 나에게 설거지를 시켰다.

❷ 王老师经常让我们听写。
왕 선생님은 종종 우리에게 받아쓰기를 시킨다.

❸ 我们请王老师教我们汉语。
우리는 왕 선생님께 중국어를 가르쳐 달라고 했다.

'叫'는 손윗사람이 손아랫사람이나 비슷한 연배의 사람에게, '让'은 손윗사람이 손아랫사람에게 무엇인가를 시킬 때 쓰고, '请'는 손아랫사람이 손윗사람에게 무엇인가를 부탁할 때 쓴다.

몇몇 동사의 경우 동사 자체에 사역의 의미를 담고 있기도 하다. 예를 들어, '发展'이나 '增加'와 같은 동사는 자동사이면서 목적어를 취해 사역의 의미를 나타낸다.

❹ 广州发展汽车工业梦想成真。
광저우는 자동차 산업을 발전시킨다는 꿈을 이루었다.

❺ 科学合理的体育活动增加了孩子们的饭量。
과학적이고 합리적인 체육활동은 아이들의 식사량을 증가시켰다.

05

一个人过年

혼자 설을 보내다

我的愿望

나의 바람

一个人过年

글자수 : 341 자 / 독해 시간 : 5 분 / 문제풀이 시간 : 15 분

一年又这么过去了。春天，我失去了爱情；夏天，我换了

Yì nián yòu zhème guòqù le. Chūntiān, wǒ shīqù le àiqíng; Xiàtiān, wǒ huàn le

一份工作；秋天，我参加了一个葬礼，我好朋友的葬礼；冬天，

yí fèn gōngzuò; Qiūtiān, wǒ cānjiā le yí ge zànglǐ, wǒ hǎo péngyou de zànglǐ; Dōngtiān,

我为自己买了一套房子，在交了第一笔钱后，我的存折空了。

wǒ wèi zìjǐ mǎi le yí tào fángzi, zài jiāo le dì yī bǐ qián hòu, wǒ de cúnzhé kōng le.

新年也快到了。我决定一个人过年，打电话给妈妈，说工作很

Xīnnián yě kuài dào le. Wǒ juédìng yí ge rén guò nián, dǎ diànhuà gěi māma, shuō gōngzuò hěn

忙，不能回去了。因为离家不太远，我以前放假的时候经常回

máng, bù néng huíqù le. Yīnwèi lí jiā bú tài yuán, wǒ yǐqián fàngjià de shíhou jīngcháng huí-

去，妈妈就没说什么。她哪里知道，我是因为害怕才不回去的。

qù, māma jiù méi shuō shénme. Tā nǎli zhīdào, wǒ shì yīnwèi hàipà cái bù huíqù de.

我怕别人问。我家的亲戚很多，过年的时候亲戚们团聚在一
Wǒ pà biéren wèn. Wǒ jiā de qīnqi hěn duō, guò nián de shíhou qīnqimen tuánjù zài yì-

起，总是喜欢问这问那的，问你的薪水，问你找了女朋友没有，
qǐ, zǒngshì xǐhuan wèn zhè wèn nà de, wèn nǐ de xīnshui, wèn nǐ zhǎo le nǚpéngyou méiyǒu,

问你的工作是干什么的……我没什么可说的，所以怕别人问。
wèn nǐ de gōngzuò shì gàn shénme de……Wǒ méi shénme kě shuō de, suǒyǐ pà biéren wèn.

我怕花钱，我没钱了。我们家亲戚多，孩子就多，过年要给他
Wǒ pà huā qián, wǒ méi qián le. Wǒmen jiā qīnqi duō, háizi jiù duō, guò nián yào gěi tā-

们压岁钱。我在大城市工作，总是给得最多，少了不行，一个
men yāsuìqián. Wǒ zài dàchéngshì gōngzuò, zǒngshì gěi de zuì duō, shǎo le bù xíng, yí ge

小孩子要给五十块，新生儿要给一百块。我家的长辈也要买了
xiǎoháizi yào gěi wǔshí kuài, xīnshēng'ér yào gěi yìbǎi kuài. Wǒ jiā de zhǎngbèi yě yào mǎi le

礼物去看望，除了我的父母，还有六位呢。
lǐwù qù kànwàng, chúle wǒ de fùmǔ, hái yǒu liù wèi ne.

새로 나온 단어

失去 shīqù 통 잃다, 잃어버리다

爱情 àiqíng 명 (주로 남녀간의) 애정

葬礼 zànglǐ 명 장례, 장의

笔 bǐ 양 금액·금전·비즈니스와 관계있는 데에 쓰임

存折 cúnzhé 명 예금 통장

放假 fàngjià 통 휴가로 쉬다

哪里 nǎli 대 반어문에 쓰여 부정적 의미를 표시함

亲戚 qīnqi 명 친척

薪水 xīnshui 명 급료, 봉급

没什么 méi shénme 아무것도 없다

压岁钱 yāsuìqián 명 세뱃돈

新生儿 xīnshēng'ér 명 신생아

长辈 zhǎngbèi 명 손윗사람, 연장자

看望 kànwàng 통 문안하다, 찾아가 보다

1　冬天，我为自己买了一套房子

'为'는 관심을 가지거나 봉사하는 대상을 가리킨다.

예　多为孩子想想。
최대한 아이를 위해서 생각해라.

他想为人民做点好事。
그는 사람들을 위해 좋은 일을 하려고 한다.

2　她哪里知道，我是因为害怕才不回去的

'哪里'는 반어문에 쓰여 부정적인 의미를 나타낸다.

예　他那么有钱，他哪里知道我的苦衷。
그는 그렇게 돈이 많은데, 내 고충을 어찌 알겠어.

昨天下雨，哪里去爬山。
어제 비가 내렸는데, 산에는 어떻게 갔겠어.

3　过年的时候亲戚们团聚在一起，总是喜欢问这问那的

이 문장에서 '总是'는 '항상 모두 이와 같다'는 의미를 나타내며, 부정형식을 수식할 수 있다.
'问这问那'는 '다 알고 싶어서 이것저것 묻다'라는 뜻으로, 이 문장은 설날마다 친척들이 한자리에 모여서 저자에게 이것저것 캐묻는 광경을 묘사한 것이다.

4　我没什么可说的，所以怕别人问

'没什么……'의 형태는 '什么'가 '一点儿'처럼 '조금도'의 의미를 나타낸다. 그래서 '没什么可说的'는 '할 말이 아무것도 없다'라는 뜻이다.

예　家里没什么可吃的，我们到外边去吃吧。
집에 먹을 것이 하나도 없으니, 우리 밖에 나가서 먹자.

这本书没什么可看的。
이 책은 별로 재미없다.

苦衷　kǔzhōng　고충　｜　可看　kěkàn　볼 만하다

1 ▶ 본문을 읽고 다음 빈칸을 채우시오.

   1 这一年来"我"的生活: ________________________。

   2 为什么"我"决定一个人过年? ________________________。

   3 "我"怎么给亲戚家的孩子压岁钱? ________________________。

2 ▶ 본문 내용에 근거하여 다음 빈칸에 들어갈 답을 고르시오.

   1 "我"的心情________________。
     A 总的来说非常快乐　　B 总的来说不太愉快　　C 总的来说不好不坏

   2 "我"没有钱了是因为________________。
     A 买房子了　　　　　　B 失去了工作　　　　　C 花钱太浪费

   3 "我"说自己不回家了，他妈妈________________。
     A 不同意，一定要他回去
     B 很高兴地接受了
     C 可能不满意，但没说出来

   4 "我"不回家是因为________________。
     A 工作很忙，没有时间
     B 怕找不到对象
     C 怕别人问，怕花钱

   5 "我"家里的人________________。
     A 对他的情况很关心
     B 对他有点看不起
     C 只喜欢热闹，不关心他

   6 给孩子压岁钱，________________。
     A 给新生儿比给大一点的孩子多
     B 给大一点的孩子比给新生儿多
     C 不管孩子大小，给的钱都一样

3 ▶ 다음 밑줄 친 부분과 같은 뜻을 가진 것을 고르시오.

1 春天，我失去了爱情……
  A 和女朋友分手了　　　B 找不到对象　　　C 不想爱别人

2 在交了第一笔钱后，我的存折空了……
  A 我现在放心了　　　B 我的存折丢了　　　C 我的存款花完了

3 她哪里知道，我是因为害怕才不回去的。
  A 她肯定知道　　　B 她不可能知道　　　C 她不想知道

4 我给得最多，少了不行……
  A 不能给得少　　　B 年轻的不给　　　C 少一点也可以

5 我的长辈也要买了礼物去看望，除了我的父母，还有六位呢。
  A 除了父母，"我"有六个兄弟
  B 除了父母，"我"有六个长辈
  C 有六个人要来家里看望父母

4 ▶ 다음 빈칸에 들어갈 동사를 보기에서 골라 써 넣으시오.

보기　怕　交　看望　换　给　找　决定　参加　到　喜欢　买　说

1 夏天，我＿＿＿了一份工作；秋天，我＿＿＿了一个葬礼。

2 在＿＿＿了第一笔钱后，我的存折空了，新年也快＿＿＿了。

3 他们＿＿＿问这问那的，问你的薪水，问你＿＿＿了对象没有。

4 我没什么可＿＿＿的，所以＿＿＿别人问。

5 我们家小一辈的孩子多，要＿＿＿他们压岁钱。

6 我的长辈也要买了礼物去＿＿＿，除了我的父母，还有六位呢。

我的愿望

글자수 : 223 자 / 독해 시간 : 3 분 / 문제풀이 시간 : 8 분

我不是一个浪漫的人，但我希望在我的生日、结婚纪念
Wǒ búshì yí ge làngmàn de rén, dàn wǒ xīwàng zài wǒ de shēngrì、jiéhūn jìniàn-

日，还有其他一些特别的日子，能得到你送的礼物，即使只是
rì、háiyǒu qítā yìxiē tèbié de rìzi, néng dédào nǐ sòng de lǐwù, jíshǐ zhǐshì

一束鲜花或一盒巧克力；我不是一个挑剔的人，但我仍希望你
yí shù xiānhuā huò yì hé qiǎokèlì; Wǒ búshì yí ge tiāoti de rén, dàn wǒ réng xīwàng nǐ

在决定一件事情时，即使那只是你自己的事情，你也会征求一
zài juédìng yí jiàn shìqing shí, jíshǐ nà zhǐshì nǐ zìjǐ de shìqing, nǐ yě huì zhēngqiú yí-

下我的意见；我不是一个爱唠叨的人，但我仍希望你能抽空听
xià wǒ de yìjiàn; Wǒ búshì yí ge ài láodao de rén, dàn wǒ réng xīwàng nǐ néng chōu kòng tīng

一听我心中的喜悦、我的烦恼，即使那只是我对一些小事的
yi tīng wǒ xīn zhōng de xǐyuè、wǒ de fánnǎo, jíshǐ nà zhǐshì wǒ duì yìxiē xiǎoshì de

感受；我不是一个多虑的人，但是当不快写在你的脸上时，我
gǎnshòu; Wǒ búshì yí ge duōlǜ de rén, dànshì dāng búkuài xiě zài nǐ de liǎnshang shí, wǒ

希望能听到你的解释，即使只有一句两句，当然我更希望你能
xīwàng néng tīngdào nǐ de jiěshì, jíshǐ zhǐyǒu yí jù liǎng jù, dāngrán wǒ gèng xīwàng nǐ néng

对我说出全部的心里话。
duì wǒ shuōchū quánbù de xīnlihuà.

愿望 yuànwàng 명 원망, 원하고 바람, 희망

浪漫 làngmàn 형 로맨틱하다, 낭만적이다

纪念 jìniàn 동 기념하다

挑剔 tiāoti 형 가리는 것이 많다, 까다롭다

征求 zhēngqiú 동 널리 구하다

唠叨 láodao 동 말을 많이 하다, 잔소리하다

抽空 chōu kòng 동 틈[시간]을 내다

喜悦 xǐyuè 명 희열, 기쁨

烦恼 fánnǎo 명 형 번뇌, 걱정; 걱정스럽다

感受 gǎnshòu 동 명 (영향을) 받다; 인상, 느낌

多虑 duōlǜ 동 쓸데없는 걱정을 하다

1 ······**还有**其他一些特别的日子，能得到你送的礼物

'还有'는 접속사로, '그리고''또한'이란 뜻이다.

> **예** 我家有爸爸、妈妈、姐姐，还有我。
> 우리집은 아빠, 엄마, 언니, 그리고 내가 있다.
>
> 他喜欢肯德鸡、麦当劳，还有必胜客。
> 그는 KFC, 맥도날드, 그리고 피자헛을 좋아한다.

2 即使那只是你自己的事情，你也会征求**一下**我的意见

'一下'는 동사 뒤에 놓여 동작 시간이 짧음을 나타내며 '좀 ～해 보다'라는 뜻으로 쓰인다.

> **예** 我先打听一下。
> 우선 좀 물어 보겠다。
>
> 去上海的事，你考虑一下。
> 상하이에 갈 것인지 생각해 보아라。

3 但我**仍**希望你能抽空听一听我心中的喜悦、我的烦恼

'仍'은 '여전히'란 뜻으로, 어떤 상황이나 상태가 변하지 않고 지속됨을 나타낸다.

> **예** 他家仍是原来的样子。
> 그의 집은 여전히 그대로이다。
>
> 休息了两天，可我仍感到疲乏。
> 이틀을 쉬었지만, 그래도 여전히 피로하다。

4 但我仍希望你能抽空**听一听**我心中的喜悦、我的烦恼

'听一听'처럼 '동사+一+동사' 혹은 동사의 중첩은 '한번 ～하다''좀 ～해 보다'란 의미를 나타낸다. 여기서는 '좀 들어주다'란 뜻이다.

> **예** 我尝一尝，可以吗？
> 제가 좀 먹어 봐도 되나요?
>
> 你去看看冰箱里有什么。
> 냉장고 속에 뭐가 있는지 가서 좀 봐라。

疲乏 pífá 피로하다 ｜ 尝 cháng 맛보다 ｜ 冰箱 bīngxiāng 냉장고

1 ▷ 본문 내용에 근거하여 다음 물음에 알맞은 답을 고르시오.

  1 "我的愿望"最可能是谁对谁说的？

    A 丈夫对妻子　　　　B 母亲对孩子　　　　C 妻子对丈夫

  2 "我"什么时候想得到礼物？

    A 一些特别的日子

    B 每个星期

    C 只是过生日的时候

  3 "我"想要什么礼物？

    A 什么礼物都行

    B 最好是鲜花

    C 不要巧克力

  4 "我"觉得自己是个什么样的人？

    A 很浪漫，但有时爱唠叨

    B 希望对方能理解自己的人

    C 有时高兴有时生气的人

  5 "我"最希望对方在不高兴时做什么？

    A 对"我"解释几句

    B 听"我"谈谈感受

    C 把心里的话都说出来

2 ▷ 다음 구나 문장에 대한 해석으로 맞는 것을 고르시오.

  1 即使只是一束鲜花或一盒巧克力

    A 一束鲜花或一盒巧克力虽然不够好，但也可以

    B 我最不想要的是鲜花或巧克力

    C 最让我满意的就是一束鲜花或一盒巧克力

2　我不是挑剔的人
　　A　我对你的要求非常高
　　B　我对你没有任何要求
　　C　我对你没有过分的要求

3　能征求一下我的意见
　　A　让我来做决定　　　　B　问一问我怎么看　　　C　让我批评你

4　爱唠叨
　　A　喜欢不停地说　　　　B　喜欢说心里话　　　　C　喜欢回答问题

5　多虑的人
　　A　喜欢考虑问题的人
　　B　心里总是不放心的人
　　C　非常痛苦的人

3 ▶ 본문 내용에 근거하여 다음 빈칸에 알맞은 단어를 써 넣으시오.

　　我不是一个__1__的人，但我希望在我的生日、结婚纪念日，还有其他一些__2__的日子，能得到你送的礼物……我不是一个__3__的人，但我仍希望你能在决定某件事情……时，能__4__一下我的意见；我不是一个爱__5__的人，但我仍希望你能__6__听一听我心里话；我不是一个__7__的人，但是当不快写在你的脸上时，我希望能听到你哪怕只有一句两句的__8__，当然我更__9__你能对我说说你的__10__。

4 ▶ 다음 주어진 주제를 가지고 토론해 보시오.

从"我的愿望"可以看出对方是个什么样的人？请具体谈一谈。

비교문

　정도나 수준을 비교하는 문장을 '비교문'이라고 하는데, 중국어에서는 개사 '比'를 포함한 '比'자문을 많이 쓴다. 기본 문형은 'A+比+B+형용사'인데, 정도의 차이를 나타낼 수 있는 동사 등도 비교 표현을 할 수 있기 때문에 'A+比+B+동사'도 가능하다.

❶ 他比我高。　그는 나보다 키가 크다.
❷ 他比我高得多。　그는 나보다 훨씬 키가 크다.
❸ 他比我高一点儿。　그는 나보다 약간 키가 크다.
❹ 他比我更高。　그는 나보다 키가 더 크다.
❺ 他不比我高。　그는 나보다 키가 크지 않다.

　비교문의 부정형은 [예문5]와 같이 '比' 앞에 '不'를 사용한다. 또 다른 형식으로 비교의 대상 사이에 '没有'를 넣을 수도 있다.

❻ 他没有我高。　그는 나만큼 키가 크지 않다.

　[예문5]와 [예문6] 둘 다 부정형이긴 하지만, 약간의 차이가 있다. [예문5]는 그가 나보다 크지는 않지만, 키가 같을 가능성도 있다. 반면 [예문6]은 완전 부정으로, 그가 나보다 클 가능성은 전혀 없다.

06

정독

北京的交通问题

베이징의 교통 문제

속독

走哪条路?

어느 길로 갈 것인가?

北京的交通问题

글자수 : 297 자 / 독해 시간 : 4 분 / 문제풀이 시간 : 15 분

北京的汽车从100万辆增加到200万辆，只用了6年半的时
Běijīng de qìchē cóng yìbǎi wàn liàng zēngjiā dào èrbǎi wàn liàng, zhǐ yòng le liù nián bàn de shí-

间。几年前就有专家预测，如果汽车数量达到200万辆，北京
jiān. Jǐ nián qián jiù yǒu zhuānjiā yùcè, rúguǒ qìchē shùliàng dádào èrbǎi wàn liàng, Běijīng

的交通就无法承受了。现在北京汽车的数量真的突破了200万
de jiāotōng jiù wúfǎ chéngshòu le. Xiànzài Běijīng qìchē de shùliàng zhēnde tūpò le èrbǎi wàn

辆，在上下班高峰时间，城里所有的街道没有不堵车的。很多
liàng, zài shàngxiàbān gāofēng shíjiān, chénglǐ suǒyǒu de jiēdào méiyǒu bù dǔ chē de. Hěn duō

开车的市民不得不选择早出晚归，不在交通高峰时间开车。可
kāi chē de shìmín bùdébù xuǎnzé zǎo chū wǎn guī, bú zài jiāotōng gāofēng shéijiān kāi chē. Kě-

是，即使早上6点出门，也照样可能走上堵车的道路。现在北
shì, jíshǐ zǎoshang liù diǎn chū mén, yě zhàoyàng kěnéng zǒushàng dǔ chē de dàolù. Xiànzài Běi-

京市的早上交通高峰已经提前到7点开始，直到9点半才结束；
jīng Shì de zǎoshang jiāotōng gāofēng yǐjing tíqián dào qī diǎn kāishǐ, zhídào jiǔ diǎn bàn cái jiéshù;

晚上高峰在17点到19点半之间，比过去的晚高峰更长。买了
Wǎnshang gāofēng zài shíqī diǎn dào shíjiǔ diǎn bàn zhījiān, bǐ guòqù de wǎn gāofēng gèng cháng. Mǎi le

车的市民几乎都不想开了，堵在离家不远的地方，但就是到不
chē de shìmín jīhū dōu bù xiǎng kāi le, dǔ zài lí jiā bù yuǎn de dìfang, dàn jiùshì dàobu-

了，真难受；没买车的人，知道会堵车，但还想着汽车带来的
liǎo, zhēn nánshòu; Méi mǎi chē de rén, zhīdào huì dǔ chē, dàn hái xiǎngzhe qìchē dàilái de

方便和舒适，想着有一天也能成为"有车族"。就这样越多越
fāngbiàn hé shūshì, xiǎngzhe yǒuyìtiān yě néng chéngwéi "yǒuchēzú". Jiù zhèyàng yuè duō yuè

堵，越堵越多。
dǔ, yuè dǔ yuè duō.

辆 liàng 몡 대[차량을 셀 때 쓰임]	选择 xuǎnzé 몡통 선택(하다)
增加 zēngjiā 통 증가하다, 더하다, 늘리다	照样 zhàoyàng 븻 예전대로, 여전히
预测 yùcè 통 예측하다	提前 tíqián 통 앞당기다
承受 chéngshòu 통 감당하다, 이겨 내다	难受 nánshòu 혱 괴롭다, 견딜 수 없다
突破 tūpò 통 (한계·난관을) 돌파하다, 타파하다	方便 fāngbiàn 혱 편리하다
堵 dǔ 통 막다, 가로막다	舒适 shūshì 혱 쾌적하다, 편하다

1 北京的汽车从 100 万辆增加到 200 万辆

'从'은 시간상의 기점을 나타낸다. '到'와 함께 쓰이면 얼마간의 시간을 가리키는데, 이때 '到'는 술어 뒤에 놓이기도 한다.

> **예** 我从六岁到中学毕业，一直住在奶奶家。
> 나는 여섯 살부터 고등학교를 졸업할 때까지, 줄곧 할머니 댁에서 살았다.
>
> 从下午两点干到晚上十点，才把作业作完。
> 오후 2시부터 저녁 10시까지 해서 겨우 숙제를 끝냈다.

2 城里所有的街道没有不堵车的

'부정+부정'은 강한 긍정을 나타낸다. '~하지 않은 것이 없다', 즉 '모두 ~하다'라는 뜻이다.

> **예** 我们班里没有不打工的。
> 우리반 학생들은 모두 아르바이트를 한다.
>
> 这里没有不认识他的。
> 이곳에 있는 사람들은 모두 그를 안다.

3 很多开车的市民不得不选择早出晚归

'不得不'는 부득이하게 어찌할 방법이 없음을 나타내며, 부사어로 사용된다.

> **예** 今天我不得不先回去。
> 나는 오늘 먼저 돌아갈 수밖에 없다.
>
> 中秋的火车票都卖完了，我不得不改坐飞机。
> 추석 기차표가 다 팔려서, 나는 비행기로 바꿔 탈 수밖에 없다.

4 堵在离家不远的地方，但就是到不了，真难受

'不了'는 동사나 형용사 뒤에 붙어서 동작을 완료·완결시킬 수 없다는 의미를 나타낸다.

> **예** 饭太多了，我吃不了这么多。
> 밥이 너무 많아요, 전 이렇게 많이 못 먹어요.
>
> 我有事儿，今天去不了了。
> 일이 생겨서 오늘 못 가겠다.

毕业 bìyè 졸업하다 ｜ 卖完 màiwán 매진되다

1 본문을 읽고 다음 빈칸을 채우시오.

1 现在北京汽车的数量是＿＿＿＿＿＿。

2 六年半以前北京汽车的数量是＿＿＿＿＿＿。

3 现在北京的交通早高峰从＿＿＿＿＿＿到＿＿＿＿＿＿。

4 现在北京的交通晚高峰从＿＿＿＿＿＿到＿＿＿＿＿＿。

2 본문 내용에 근거하여 다음 빈칸에 들어갈 답을 고르시오.

1 专家认为北京的汽车数量达到了200万辆，＿＿＿＿＿＿。
  A 北京的道路还不会堵车
  B 交通问题会非常严重
  C 就不会有人想买车了

2 驾车的市民如果早晨6点出门，＿＿＿＿＿＿。
  A 就不可能遇到堵车
  B 还是有可能遇到堵车
  C 整个城区正是堵车的时候

3 现在北京的交通早高峰＿＿＿＿＿＿。
  A 比过去提前了
  B 还和过去一样
  C 推迟半个小时

4 现在北京的交通晚高峰＿＿＿＿＿＿。
  A 比过去推迟了　　　B 还和过去一样　　　C 比过去时间更长

5 已经买车的人＿＿＿＿＿＿。
  A 觉得很方便　　　B 因为堵车而难受　　　C 想换更好的车

6 还没买车的人＿＿＿＿＿＿。
  A 感到自己很幸运　　　B 也想买车　　　C 不知道堵车

3 다음 밑줄 친 부분과 같은 뜻을 가진 것을 고르시오.

1 几年前就有专家<u>预测</u>……
   A 事先估计　　　　B 认真计算　　　　C 提出意见

2 如果汽车数量达到200万辆，北京的交通就<u>无法承受了</u>。
   A 不知道会怎么样　　B 完全可以接受　　C 没有办法对付

3 如今北京汽车的数量真的<u>突破</u>了200万辆……
   A 超过　　　　　　　B 达到　　　　　　C 接近

4 很多驾车市民不得不选择<u>早出晚归</u>……
   A 平时不常出门　　　B 很早出门很晚回家　C 很晚才去上班

5 即使早上6点出门，<u>也照样</u>可能走上堵车路。
   A 肯定　　　　　　　B 还是　　　　　　C 特别

4 다음 빈칸에 들어갈 동사를 보기에서 골라 써 넣으시오.

보기　出　知道　增加　归　带　提前　开　预测　堵　达　承受　用

1 北京的汽车从100万辆＿＿＿＿到200万辆只＿＿＿＿了6年半时间。

2 几年前就有专家＿＿＿＿，如果汽车数量＿＿＿＿到200万辆，北京的交通就
　无法＿＿＿＿了。

3 很多开车的市民不得不选择早＿＿＿＿晚＿＿＿＿，不在交通高峰时间开车。

4 现在北京市的交通早高峰已经＿＿＿＿到7点开始。

5 买了车的几乎都不想＿＿＿＿了，＿＿＿＿在离家不远的地方，但就是到不了。

6 没买车的，＿＿＿＿会堵车，但还想着汽车＿＿＿＿来的方便和舒适。

走哪条路？

글자수 : 349 자 / 독해 시간 : 4 분 / 문제풀이 시간 : 8 분

坐在出租车上，司机问我："先生，是走最短的路，还是
Zuò zài chūzūchēshang, sījī wèn wǒ: "Xiānsheng, shì zǒu zuì duǎn de lù, háishi

走最快的路？"我好奇地问他："最短的路不是最快的吗？""当
zǒu zuì kuài de lù?" Wǒ hàoqí de wèn tā: "Zuì duǎn de lù búshì zuì kuài de ma?" "Dāng-

然不是，现在是高峰，最短的路经常堵车，走的时间就长。您
rán búshì, xiànzài shì gāofēng, zuì duǎn de lù jīngcháng dǔ chē, zǒu de shíjiān jiù cháng. Nín

要是有急事，就得绕道走，多走点路，可能早到……"因为我
yàoshi yǒu jíshì, jiù děi rào dào zǒu, duō zǒu diǎn lù, kěnéng zǎo dào……" Yīnwèi wǒ

有急事，当然只能选择最快的路。其实，即使我没有急事，也
yǒu jíshì, dāngrán zhǐnéng xuǎnzé zuì kuài de lù. Qíshí, jíshǐ wǒ méiyǒu jíshì, yě

不愿在出租车里坐上很长时间。
bú yuàn zài chūzūchēli zuòshàng hěn cháng shíjiān.

走最短的路，还是走最快的路？一个人不是只在坐出租
Zǒu zuì duǎn de lù, háishi zǒu zuì kuài de lù? Yí ge rén búshì zhǐ zài zuò chūzū-

车时才会遇到这种情况，人的一生中经常会面临这样的选择，
chē shí cái huì yùdào zhèzhǒng qíngkuàng, rén de yìshēng zhōng jīngcháng huì miànlín zhèyàng de xuǎnzé,

这种选择有时让人很难办，可只要是想成功的人都会选择走最
zhèzhǒng xuǎnzé yǒushí ràng rén hěn nánbàn, kě zhǐyào shì xiǎng chénggōng de rén dōu huì xuǎnzé zǒu zuì

快的路，宁愿让自己多吃苦多走路，因为一个人的一生时间是
kuài de lù, nìngyuàn ràng zìjǐ duō chī kǔ duō zǒu lù, yīnwèi yí ge rén de yìshēng shíjiān shì

有限的，机会是有限的，只能选择最快的路。
yǒuxiàn de, jīhuì shì yǒuxiàn de, zhǐnéng xuǎnzé zuì kuài de lù.

有许多人，就因为一生都在走最近的路，结果常常走进死
Yǒu xǔduō rén, jiù yīnwèi yìshēng dōu zài zǒu zuì jìn de lù, jiéguǒ chángcháng zǒujìn sǐ

胡同，把时间都浪费了。人生需要走些弯路，人生不要怕走弯
hútong, bǎ shíjiān dōu làngfèi le. Rénshēng xūyào zǒu xiē wānlù, rénshēng búyào pà zǒu wān-

路，但有一个前提：走弯路是为了走最快的路。
lù, dàn yǒu yí ge qiántí: Zǒu wānlù shì wèile zǒu zuì kuài de lù.

새로 나온 단어

出租车 chūzūchē 명 택시

司机 sījī 명 운전사, 조종사

好奇 hàoqí 형 호기심이 많다

绕道 rào dào 길을 돌아서 가다, 우회하다

选择 xuǎnzé 명동 선택(하다)

其实 qíshí 부 (그러나) 사실은, 실제는

面临 miànlín 동 (문제·상황에) 직면하다, 당면
하다

难办 nánbàn 형 (일처리)하기 어렵다

宁愿 nìngyuàn 접 차라리 (～할지언정), 오히려
(～하고 싶다)

吃苦 chī kǔ 괴로움[고생]을 견디어 내다

有限 yǒuxiàn 형 유한하다, 한계가 있다

死胡同 sǐ hútong 막다른 골목

弯路 wānlù 명 굽은 길, 우회로

前提 qiántí 명 선결 조건, 전제 조건

1　是走最短的路，还是走最快的路？

‘是……是……’나 ‘是……还是……’의 형태로, 선택식 의문문을 구성한다.

> 예　你是去还是不去？
> 너는 갈 거니 안 갈 거니?
>
> 你是坐飞机去，（还）是坐火车去？
> 비행기를 타고 가니 아니면 기차를 타고 가니?

2　其实，即使我没有急事，也不愿在出租车里坐上很长时间

‘其实’는 ‘사실’ ‘실제로’ 등의 뜻으로, 뒤에 나오는 내용이 사실임을 나타낸다. 앞 문장의 의미를 수정하거나 보충하는 역할을 하기도 한다. 동사나 주어 앞에 놓인다.

> 예　他每天来烦你，其实因为他喜欢你。
> 그가 매일 와서 너를 귀찮게 하는 것은, 사실 너를 좋아해서이다.

3　可只要是想成功的人都会选择走最快的路

‘只要’는 ‘～하기만 하면’ ‘만약 ～라면’이라는 뜻으로, 필요조건이나 최저한도의 요구를 나타낸다. 일반적으로 복문의 앞절에 놓여 ‘就’ ‘都’와 호응한다.

> 예　只要有时间，我都去看他。
> 시간만 있으면 나는 항상 그를 보러 간다.
>
> 只要努力学习，就能上大学。
> 열심히 공부하기만 하면 대학에 갈 수 있다.

4　宁愿让自己多吃苦多走路

‘宁愿’은 ‘차라리 ～하는 것이 낫다’라는 뜻으로, 두 가지 상황을 비교한 후 어쩔 수 없이 그 중 한 가지를 선택한다는 것을 의미한다. 뒷절에서는 선택되지 않은 사항에 대해서 설명한다.

> 예　我宁愿自己做多点，也不愿请他帮忙。
> 나는 차라리 내가 더 많이 하고 말지, 그에게 도움을 구하기는 싫다.
>
> 我不去爬山，宁愿在家里看电视。
> 나는 등산하러 안 갈거야, 차라리 집에서 텔레비전이나 보지.

烦 fán 귀찮다, 번거롭다　｜　帮忙 bāng máng 일을 돕다

1 ▶ 본문 내용에 근거하여 다음 물음에 알맞은 답을 고르시오.

  1 什么是这篇课文的主要内容？

    A 交通问题　　　　　B 人生道路　　　　　C 浪费时间

  2 司机告诉了 "我" 什么情况？

    A 最短的路不一定最快

    B 有急事就走最短的路

    C 高峰时最好别出门

  3 "我" 认为想成功的人会怎么选择？

    A 不愿多走路，只走最短的路

    B 只走最快的路，愿意多走路

    C 不用着急，机会总是有的

  4 "人生不要怕走弯路" 是什么意思？

    A 人的一生很长，要走很多路

    B 每个人都会失败很多次

    C 为了走最快的路可能要吃点苦

2 ▶ 다음 구나 문장에 대한 해석으로 맞는 것을 고르시오.

  1 我好奇地问他

    A 我问他，因为很生气

    B 我问他，因为感兴趣

    C 我问他，因为挺高兴

  2 您要是有急事，就得绕道走

    A 你着急的话，就从别的路走

    B 你着急的话，就得往回走

    C 你着急的话，就走着去吧

3 面临这样的选择

    A 面前遇到这样的选择

    B 等到将来再这么选择

    C 前面已经这么选择过了

4 常常走进死胡同

    A 经常遇到失败

    B 经常呆在家里

    C 经常没人帮助

5 人生不要怕走弯路，但有一个前提

    A 走弯路没有关系，可必须满足一个条件

    B 请注意这一点：生活没有什么可害怕的

    C 不管出现什么情况，人都会走一些弯路

3 본문 내용에 근거하여 다음 빈칸에 알맞은 단어를 써 넣으시오.

    走最短的路，还是走最快的路？一个人不是＿＿1＿＿在坐出租车时能遇到这种情况，人的一生中经常会＿＿2＿＿这样的选择，这种选择有时让人很＿＿3＿＿，可只要是想＿＿4＿＿的人都会选择走最快的路，＿＿5＿＿让自己多吃苦多走路，因为一个人的一生时间是＿＿6＿＿的，机会是＿＿7＿＿的，只能选择最快的路。

4 다음 주어진 주제를 가지고 토론해 보시오.

“现在是高峰，最短的路经常堵车，走的时间就长。您要是有急事，就得绕道走，多走点路，可能早到……”
如果出租车司机对你这么说，你会怎么选择？请说明原因。

연동문

　연동문이란 술어 동사가 두 개 또는 두 개 이상으로 이루어진 문장을 말한다. 다음의 예를 보자.

❶ **他去餐厅吃饭。**
　그는 밥을 먹으러 식당에 간다.
　그는 식당에 가서 밥을 먹는다.

　연동문은 동사가 두 개 이상이기 때문에 [예문1]에서와 같이 하나의 문장이 두 가지로 해석될 수 있다. 하나는 '~을 하러 가다'라는 목적을 나타내고, 다른 하나는 두 동작이 연속됨을 나타낸다. 이럴 때는 앞뒤 문맥과 논리적 판단에 근거하여 해석해야 한다.
　문법 표지가 있을 경우 연속 동작과 목적의 구분이 비교적 쉽다.

❷ **我去北京看朋友了。**
　나는 친구를 만나러 베이징에 갔다.

❸ **我去北京看了一些朋友。**
　나는 베이징에 가서 친구들을 만났다.

　[예문2]처럼 문장 끝에 어기조사 '了'가 있을 경우는 목적으로만 해석이 가능하다. [예문3]에서 두 번째 동사 뒤에 사용된 '了'는 두 번째 동작이 완성되었음을 나타낸다. 그러므로 이때는 목적으로 해석하면 안 된다.

정독

婺源

우위엔

속독

我为什么爱城市?

내가 왜 도시를 사랑하나?

婺源

婺源县，位于江西东北部的大山之中，是宋代著名哲
Wùyuán Xiàn, wèiyú Jiāngxī dōngběibù de dàshān zhī zhōng, shì Sòngdài zhùmíng zhé-

学家、教育家朱熹的故乡。喜欢旅游的人常说，交通不
xuéjiā、jiàoyùjiā Zhū Xī de gùxiāng. Xǐhuan lǚyóu de rén cháng shuō, jiāotōng bù

方便的地方才有好风景。婺源也不例外。去那儿真是不
fāngbiàn de dìfang cái yǒu hǎo fēngjǐng. Wùyuán yě bú lìwài. Qù nàr zhēnshì bù

容易，无论是从上饶出发，还是从景德镇出发，或者是从安
róngyì, wúlùn shì cóng Shàngráo chūfā, háishi cóng Jǐngdézhèn chūfā, huòzhě shì cóng Ān-

徽的黄山出发，到婺源，都必须经过许多座大山。大山把
huī de huángshān chūfā, dào Wùyuán, dōu bìxù jīngguò xǔduō zuò dàshān. Dàshān bǎ

婺源与外面的世界隔开了，所以这块地方古老的文化和
Wùyuán yǔ wàimian de shìjiè gékāi le, suǒyǐ zhè kuài dìfang gǔlǎo de wénhuā hé

美丽的风景才保存到了今天。婺源是当今中国明清古建
měilì de fēngjǐng cái bǎocún dào le jīntiān. Wùyuán shì dāngjīn Zhōngguó Míng-Qīng gǔjiàn-

筑保存得最多、最完整的县之一。此外，婺源这个地方自
zhù bǎocún de zuì duō、zuì wánzhěng de xiàn zhī yī. Cǐwài, Wùyuán zhè ge dìfang zì-

古就重视读书，人们都叫它"书乡"。在这里，文化不是只体
gǔ jiù zhòngshì dúshū, rénmen dōu jiào tā "shūxiāng". Zài zhèli,　wénhuā búshì zhǐ tǐ-

现在古建筑上，而是像这里早上的雾气一样，渗透到了
xiàn zài gǔjiànzhùshang, érshì xiàng zhèli zǎoshang de wùqì yíyàng, shèntòu dào le

每一个角落。
měi yí ge jiǎoluò.

县 xiàn 몡 현[지방 행정구획의 단위로, 성(省) 밑
　에 속함]

位于 wèiyú 동 ～에 위치하다

哲学家 zhéxuéjiā 몡 철학자

故乡 gùxiāng 몡 고향

风景 fēngjǐng 몡 풍경, 경치

例外 lìwài 동 예외로 하다, 예외가 되다

隔 gé 동 막다, 막히다

保存 bǎocún 동 보존하다

当今 dāngjīn 몡 현재, 지금

建筑 jiànzhù 몡동 건축(하다), 건설(하다)

完整 wánzhěng 혱 제대로 갖추어져 있다, 완전
　무결하다

重视 zhòngshì 동 중시하다, 중요시하다

体现 tǐxiàn 동 구현하다, 체현하다

雾气 wùqì 몡 안개

渗透 shèntòu 동 침투하다, 스며들다

角落 jiǎoluò 몡 구석, 모퉁이, 구석진 곳

1 **无论**是从上饶出发, 还是从景德镇出发, **或者**是从安徽的黄山出发 , 到婺源, **都**必须经过许多座大山

'无论'은 '~에도 불구하고' '~에 관계 없이'라는 뜻으로, 어떤 상황에서든지 결론이나 결과가 변하지 않는다는 의미이다. 복문의 뒷절에는 일반적으로 '都'나 '也'가 와서 호응한다.

> 예 无论是年轻人还是老年人, 都喜欢听音乐。
> 젊은이든 노인이든 모두 음악 듣는 것을 좋아한다.
>
> 无论谁去买, 都给他一样的。
> 누가 가서 사더라도 다 똑같은 것을 준다.

'或者'는 접속사로, 병렬되는 어떠한 문장성분도 연접할 수 있다. '无论' '不管' 뒤에 쓰여서 두 가지 상황 모두를 포함한다.

> 예 或者你去, 或者我去, 都无所谓。
> 네가 가든, 내가 가든 모두 상관 없다.
>
> 不管是唱歌或者跳舞, 我都比不上他。
> 노래든지, 춤이든지, 나는 그를 따라가지 못한다.

2 **此外**, 婺源这个地方自古就重视读书

'此外'는 '이밖에', '이외에'라는 뜻으로, 앞에서 말한 사물·상황 외에도 또 다른 것이 있다는 의미이다.

> 예 他这学期选修了经济学, 此外还有企业管理等。
> 그는 이번 학기에 경제학을 들었고, 그밖에 기업관리 등을 수강했다.

3 文化**不是**只体现在古建筑上, **而是**像这里早上的雾气一样

'不是……而是……'는 단어나 절이 사이에 들어가서 '이것이 아니고 바로 저것이다'라는 대비의 의미를 내포한다. '不是' 앞에는 '并' '再' 등이 올 수 있다.

> 예 我喜欢的人不是他, 而是你。
> 내가 좋아하는 사람은 그가 아니고, 바로 너다.
>
> 我不是不愿意帮助你, 而是没有能力。
> 나는 너를 돕고 싶지 않은 것이 아니라, 도울 능력이 안 된다.

无所谓 wúsuǒwèi 상관 없다, 말할 수 없다 | 比不上 bǐbushàng 비교할 수 없다

1 본문을 읽고 다음 빈칸을 채우시오.

1 婆源的交通情况_______________________________。

2 婆源出过的名人_______________________________。

3 婆源的地方特色_______________________________。

2 본문 내용에 근거하여 다음 빈칸에 들어갈 답을 고르시오.

1 婆源县是在_______________。
   A 我国东北　　　　　B 浙江省　　　　　C 江西省

2 婆源能保留古老的文化是因为_______________。
   A 当地人喜欢读书
   B 当地人注意保护
   C 和外面的世界很少交往

3 去婆源旅游最值得看的是_______________。
   A 教育家朱熹　　　　B 明清古建筑　　　　C 美丽的大山

4 这里是"书乡"，因为_______________。
   A 这里出版了许多书
   B 这里有教育家
   C 这里的人很重视读书

5 不管从什么方向去婆源，_______________。
   A 路都很难走　　　　B 交通都挺方便　　　　C 都能见到古建筑

3 다음 밑줄 친 부분과 같은 뜻을 가진 것을 고르시오.

1 喜欢旅游的人常说，交通不便的地方才有好风景，婆源也不例外。
   A 却很特别　　　　　B 也是这样　　　　　C 没有外人

2 婆源是<u>当今</u>中国明清古建筑保存最多、最好的县之一。
   A 当时　　　　　　　　　B 今后　　　　　　　　　C 现在

3 婆源这个地方<u>自古就重视读书</u>……
   A 一直重视读古代的书
   B 古时候重视读书
   C 从古代开始就重视读书

4 文化……像这里早上的雾气一样，<u>渗透到了每一个角落。</u>
   A 到处都充满了文化
   B 角落里才有文化
   C 每个角度都有文化

4　다음 빈칸에 들어갈 동사를 보기에서 골라 써 넣으시오.

보기　重视　出发　保存　位于　渗透　体现　经过　例外　隔

1 婆源县，＿＿＿江西东北部。

2 从安徽黄山＿＿＿到婆源。

3 交通不方便的地方才有好风景。婆源也不＿＿＿。

4 到婆源，都必须＿＿＿许多座大山。

5 大山把婆源与外面的世界＿＿＿开了。

6 这块地方古老的文化和美丽的风光＿＿＿到了今天。

7 文化不仅仅＿＿＿在古建筑上……。

8 婆源这个地方自古就＿＿＿读书，人们都叫它"书乡"。

9 早上的雾气＿＿＿到了每一个角落。

我为什么爱城市？

글자수 : 352 자 / 독해 시간 : 4 분 / 문제풀이 시간 : 8 분

张先生：城市方便啊。要是有事儿要去别的城市，买张飞机票，
Zhāng xiānsheng　Chéngshì fāngbiàn a. Yàoshi yǒu shìr yào qù biéde chéngshì, mǎi zhāng fēijīpiào,

不一会儿就到了。要是想找个安静的地方看看，倒几
bùyíhuìr jiù dào le. Yàoshi xiǎng zhǎo ge ānjìng de dìfang kànkan, dǎo jǐ

次车也就到了。你要是住在农村里，想和外界联系就
cì chē yě jiù dào le. Nǐ yàoshi zhù zài nóngcūnli, xiǎng hé wàijiè liánxì jiù

要通过城市。而且，城市的节奏快，适合我们年轻人。
yào tōngguò chéngshì. Érqiě, chéngshì de jiézòu kuài, shìhé wǒmen niánqīngrén.

李小姐：我当然热爱城市，我从小就在城市里长大，习惯了。高
Lǐ xiǎojiě　Wǒ dāngrán rè'ài chéngshì, wǒ cóng xiǎo jiù zài chéngshìli zhǎngdà, xíguàn le. Gāo-

楼大厦有什么不好？全中国的人都在往大城市里挤，
lóu dàshà yǒu shénme bù hǎo? Quán Zhōngguó de rén dōu zài wǎng dàchéngshìli jǐ,

这就是大城市的吸引力。我前几天看报纸说有些西
zhè jiùshì dàchéngshì de xīyǐnlì. Wǒ qián jǐ tiān kàn bàozhǐ shuō yǒu xiē Xī-

藏的人对城里人把他们那儿当天堂特别反感。他们
zàng de rén duì chénglǐrén bǎ tāmen nàr dāng tiāntáng tèbié fǎngǎn. Tāmen

说，你们城里人要是喜欢这儿，就来跟我们换呀，我
shuō, nǐmen chénglǐrén yàoshi xǐhuan zhèr, jiù lái gēn wǒmen huàn ya, wǒ-

们也想出门就有车，多方便啊，你们只是偶尔来玩
men yě xiǎng chū mén jiù yǒu chē, duō fāngbiàn a, nǐmen zhǐshì ǒu'ěr lái wán

一下，我们是一辈子都要呆在这儿。
yíxià, wǒmen shì yíbèizi dōu yào dāi zài zhèr.

赵小姐：我喜欢城市，因为农村的狗很吓人。很小的时候去姥
Zhào xiǎojiě　Wǒ xǐhuan chéngshì, yīnwèi nóngcūn de gǒu hěn xiàrén. Hěn xiǎo de shíhou qù lǎo-

姥家，走了几十里的泥土路，刚进村子，突然一只很
lao jiā, zǒu le jǐshí lǐ de nítǔlù, gāng jìn cūnzi, tūrán yì zhī hěn

高很大的狗从一个大门里跑出来，冲我叫，声音很大，
gāo hěn dà de gǒu cóng yí ge dàménli pǎo chūlái, chòng wǒ jiào, shēngyīn hěn dà,

样子很吓人。那会儿我就吓怕了，再也不敢去农村了。
yàngzi hěn xiàrén. Nàhuìr wǒ jiù xiàpà le, zàiyě bù gǎn qù nóngcūn le.

要是 yàoshi 접 만일 ～이라면, 만약 ～하면		天堂 tiāntáng 명 천당, 낙원	
不一会儿 bùyíhuìr 부 머지 않아, 얼마 안 있어		偶尔 ǒu'ěr 부 간혹, 이따금	
倒 dǎo 동 바꾸다, 변경시키다		一辈子 yíbèizi 명 한평생, 일생	
外界 wàijiè 명 외계, 외부		姥姥 lǎolao 명 외할머니	
节奏 jiézòu 명 리듬, 박자		泥土 nítǔ 명 진흙	
热爱 rè'ài 동 열렬히 사랑하다, 애착을 가지다		冲 chòng 개 향해서, 대해서	
高楼大厦 gāolóu dàshà 고층 건물		吓人 xiàrén 형 사람을 놀라게 하다, 놀라다	

1 全中国的人都在往大城市里挤

'在'는 동작이 계속해서 진행됨을 나타내며, 때로 '正'과 서로 호환할 수 있다.

> 예 他在打电话。
> 그는 전화를 받고 있다.
>
> 他在练习太极拳。
> 그는 태극권을 수련하고 있다.

2 有些西藏的人对城里人把他们那儿当天堂特别反感

긴 문장을 해석할 땐, 문장성분을 짚어가며 차근차근 풀어나가야 한다. 여기서 주어는 '有些西藏的人'이고, 술어는 '对……特别反感'이다. '对……'는 '特别反感'의 목적어가 된다. 차근차근 해석해 보면, 일부 티베트 사람들은 '어떤 것에 대해' 매우 반감을 가지고 있는데, 이 어떤 것이란 바로 '把他们那儿当天堂', 즉 '그들이 사는 그곳을 파라다이스인 양 여기는 것'이다.

3 我们也想出门就有车，多方便啊

부사 '多'는 감탄문에 사용되면 '多么(얼마나)'와 같은 뜻이 된다. 종종 어기조사 '啊'를 동반한다.

> 예 看她新买的裙子，多好看啊！
> 그녀가 새로 산 치마 좀 봐, 정말 예쁘다!
>
> 这人多古怪，从来不和人来往。
> 저 사람은 얼마나 괴상한지, 한번도 누구와 교제한 적이 없다.

4 刚进村子，突然一只很高很大的狗从一个大门里跑出来

'突然'은 '갑자기' '돌연'이라는 뜻으로, 어떤 일이 예상치 못하게 갑자기 발생한다는 의미이다. 일반적으로 '忽然'과 바꾸어 쓸 수 있지만, '突然'이 '忽然'에 비해 뜻이 강하고, 또 '忽然'은 주어 앞에 쓰이는 경우가 드물다.

> 예 突然有人站起来了。
> 갑자기 누군가 벌떡 일어났다.

太极拳 tàijíquán 태극권 ｜ 裙子 qúnzi 치마 ｜ 古怪 gǔguài 괴상하다

1 ▶ 본문 내용에 근거하여 다음 물음에 답하시오.

   1 张先生为什么爱城市？

   2 李小姐为什么爱城市？

   3 赵小姐喜欢城市又是什么原因？

2 ▶ 본문 내용에 근거하여 다음 물음에 알맞은 답을 고르시오.

   1 说城市方便，表现在什么地方？
     A 有许多高楼大厦
     B 城市的生活像天堂
     C 想去哪儿都容易

   2 为什么说城市适合年轻人？
     A 生活节奏比较快
     B 城市里非常安静
     C 城市人口很集中

   3 从哪儿可以看出城市的吸引力？
     A 各地的人都往城市跑
     B 许多人在城市里长大
     C 偶尔可以到外地玩一下

   4 有些西藏人对什么表示反感？
     A 城里人把城市说成天堂
     B 城里人说西藏人生活的地方是天堂
     C 太多的城里人去西藏旅游

   5 赵小姐去了一趟农村之后产生了什么想法？
     A 农村真是天堂   B 农村实在安静   C 不敢去农村

3　다음 구나 문장에 대한 해석으로 맞는 것을 고르시오.

1　倒几次车也到了
   A　换几次车就到了　　　　B　换几次车还不到　　　　C　换几次车才能到

2　高楼大厦有什么不好？
   A　我觉得高楼大厦不太好
   B　我觉得高楼大厦很不错
   C　有没有高楼大厦都没关系

3　全中国的人都在往大城市里挤
   A　大家都想到大城市生活
   B　大城市交通问题很严重
   C　大城市是旅游的好地方

4　一辈子都呆在这儿
   A　在这儿住二十年
   B　从生到死都不离开
   C　出生在这个地方

5　农村的狗很吓人
   A　农村的狗很害怕人
   B　农村的狗让人害怕
   C　农村的狗怕见人

4　본문 내용에 근거하여 다음 빈칸에 들어갈 단어를 써 넣으시오.

高楼大厦有＿＿1＿＿不好？全中国的人都在往大城市里＿＿2＿＿，这就是大城市的吸引力。我前几天看杂志说有些西藏的人特别＿＿3＿＿城里人把他们那儿＿＿4＿＿天堂。他们说，你们城里人要＿＿5＿＿这儿，就跟我们换呀，我们也想出门＿＿6＿＿有车，多方便啊，你们＿＿7＿＿来玩一下，我们可是一辈子都呆在这儿。

중의문

중국어는 우리말처럼 어형의 변화나 조사에 의해 단어의 역할이 정해지는 것이 아니다. 겉으로 보기에는 단지 여러 개의 단어가 나열되어 있을 뿐이다. 따라서 배열되어 있는 단어와 단어 사이의 관계가 문법적으로 어떻게 연결될 수 있을 것인지는 여러 가지 가능성이 존재하며, 의미 또한 그러한 가능성의 수만큼 존재한다. 때문에 단어의 배열순서가 동일하다고 하더라도, 두 가지 혹은 그 이상의 뜻을 표현하게 되는 문장이 발생하게 되는데, 이를 '중의문'이라 한다.

❶ **他们两个人分一个西瓜。**
   그들 두 사람은 수박을 한 개로 나눈다.
   그들은 수박을 두 사람당 한 개씩 나눈다.

이처럼 문장 내부구조를 어떻게 나누느냐에 따라 그 의미가 달라지는 것이다.

❷ **我们回家再吃。**
   (지금 음식을 먹고 있는데) 집에 돌아가서 더 먹겠다.
   (지금은 음식을 먹고 있지 않지만) 집으로 돌아간 뒤 음식을 먹겠다.

여기서는 부사 '再'가 '더'와 '~한 뒤'의 두 가지 의미를 지니기 때문에 문장 전체가 중의문이 된 것이다.

❸ **鸡不吃了。** 닭고기는 안 먹는다. / 닭이 모이를 먹지 않는다.

만약 중의문이 단독으로 존재한다면 여러 가지 가능한 해석 가운데 도대체 어떤 해석이 정확한지 파악해 내기 힘들다. 하지만 대부분의 경우 앞뒤 문맥이 존재하기 때문에, 화자 혹은 저자가 실제로 나타내고자 하는 의미가 무엇인지 어렵지 않게 판단할 수 있다.

08

 **정독**

怎样才能健康?

어떻게 해야 건강할 수 있을까?

 **속독**

每天要喝 8 杯水?

매일 8잔의 물을 마셔야 하나?

怎样才能健康？

글자수 : 307 자 / 독해 시간 : 5 분 / 문제풀이 시간 : 15 분

怎样才能健康？有人误以为没有病就是健康。其实健康
Zěnyàng cái néng jiànkāng? Yǒurén wù yǐwéi méiyǒu bìng jiùshì jiànkāng. Qíshí jiànkāng

包括生理、心理和社会三个方面。因此健康是一个过程，人
bāokuò shēnglǐ、xīnlǐ hé shèhuì sān ge fāngmiàn. Yīncǐ jiànkāng shì yí ge guòchéng, rén-

们应该不断提高生命质量，平时的衣食住行都应该注意健康。
men yīnggāi búduàn tígāo shēngmìng zhìliàng, píngshí de yī-shí-zhù-xíng dōu yīnggāi zhùyì jiànkāng.

有人误认为医院越大，设备越高级，药物越贵，医生越有名就
Yǒurén wù rènwéi yīyuàn yuè dà, shèbèi yuè gāojí, yàowù yuè guì, yīshēng yuè yǒumíng jiù

越好。结果是大医院挤满了人，中小医院却无人光顾。其实同
yuè hǎo. Jiéguǒ shì dà yīyuàn jǐmǎn le rén, zhōng xiǎo yīyuàn què wúrén guānggù. Qíshí tóng

其他产品一样，适合你的才是最好的。还有许多人误以为有
qítā chǎnpǐn yíyàng, shìhé nǐ de cái shì zuì hǎo de. Háiyǒu xǔduō rén wù yǐwéi yǒu

了病才需要花钱，平时却不肯把钱花在身体健康上，其实提前
le bìng cái xūyào huā qián, píngshí què bùkěn bǎ qián huā zài shēntǐ jiànkāngshang, qíshí tíqián

为健康花钱才是聪明的选择。医疗机构也要改变观念，不仅
wèi jiànkāng huā qián cái shì cōngmíng de xuǎnzé. Yīliáo jīgòu yě yào gǎibiàn guānniàn, bùjǐn

要为病人服务，也要面向所有人，提供更多的健康产品。病人
yào wèi bìngrén fúwù, yě yào miànxiàng suǒyǒurén, tígōng gèng duō de jiànkāng chǎnpǐn. Bìngrén

常把健康的责任全部交给了医生，自己却不注意改变不健康
cháng bǎ jiànkāng de zérèn quánbù jiāogěi le yīshēng, zìjǐ què bú zhùyì gǎibiàn bú jiànkāng

的生活方式和行为。如果心脑血管病人不活动，饮食不合理，
de shēnghuó fāngshì hé xíngwéi. Rúguǒ xīnnǎo xuèguǎn bìngrén bù huódòng, yǐnshí bù hélǐ,

抽烟，再好的医生和药物也没有办法。
chōu yān, zài hǎo de yīshēng hé yàowù yě méiyǒu bànfǎ.

误 wù 동 틀리다, 잘못되다

包括 bāokuò 통 포괄하다, 포함하다

生理 shēnglǐ 명 생리

过程 guòchéng 명 과정

设备 shèbèi 명 설비, 시설

光顾 guānggù 통 애고하다 [상인이 고객을 맞이할 때 쓰는 용어]

产品 chǎnpǐn 명 산물, 제품

医疗 yīliáo 명 의료

机构 jīgòu 명 기관·단체 등의 사업 단위

观念 guānniàn 명 관념, 생각

不仅 bùjǐn 접 ~일 뿐만 아니라

面向 miànxiàng 통 (요구에) 응하다, 만족시키다

提供 tígōng 통 제공하다

责任 zérèn 명 책임

血管 xuèguǎn 명 혈관

饮食 yǐnshí 명 음식

合理 hélǐ 형 도리에 맞다, 합리적이다

1 **怎样**才能健康?

'怎样'은 '어떠하냐' '어떻게'라는 뜻이며, 성질 · 상황 · 방식 따위를 묻는 형식이다.

> 예 这件事你怎样解释?
> 이 일은 어떻게 해명할 것이냐?
>
> 你怎样回去?
> 너는 어떻게 돌아갈 것이냐?

2 **有人误以为没有病就是健康**

'以为'는 '~라고 여기다' '~라고 생각하다'라는 뜻으로, 사람이나 사물에 대한 견해 · 태도 · 판단을 나타낸다. '认为'와 비교해 판단 · 추측이 주관적, 단편적이고, 실제와 부합되지 않을 수도 있다.

> 예 我还以为他早到了。(○)
> 我还认为他早到了。(×)
> 나는 그가 벌써 도착했는지 알았다.
>
> 我以为王老师已经结婚了，原来还是单身。
> 나는 왕 선생님이 결혼했는지 알았더니, 아직 싱글이었다.

3 **其实同其他产品一样，适合你的才是最好的**

'同'은 '~와'라는 뜻으로 주어와 목적어의 같은 점과 다른 점을 비교한다.

> 예 我同你一样，没上过北京。
> 나는 너와 마찬가지로 베이징에 가 보지 못했다.
>
> 他同其他老师不一样，没有上过大学。
> 그는 다른 선생님들과 달리, 대학을 나오지 않았다.

4 **再好的医生和药物也没有办法**

'再'와 '也'가 호응하여 '아무리 ~한다 해도'의 뜻을 나타낸다.

> 예 时间再晚今天也得把这些事做完。
> 시간이 아무리 늦어도 오늘 이 일을 다 끝내야 한다.
>
> 生活再困难，也不能偷东西。
> 생활이 아무리 궁핍해도 도둑질을 해서는 안 된다.

单身 dānshēn 싱글 ｜ 偷 tōu 도둑질하다

1 본문을 읽고 다음 물음에 답하시오.

   1 课文里说到了人们的几种对健康的错误看法？是哪几种错误看法？

   2 你认为课文中哪个句子是最重要的？

2 본문 내용에 근거하여 다음 빈칸에 들어갈 답을 고르시오.

   1 健康是指＿＿＿＿＿＿＿。
     A 身体没有得病
     B 平时的衣食住行
     C 生命质量较高

   2 人们不去中小医院看病是因为＿＿＿＿＿＿＿。
     A 这些医院不太有名
     B 这些医院药费较高
     C 这些医院离得太远

   3 选择医院时要注意＿＿＿＿＿＿＿。
     A 那里的病人是不是很多
     B 那里的医疗是不是适合你
     C 那里的医生是不是专家

   4 医疗机构的服务对象应该是＿＿＿＿＿＿＿。
     A 所有病人
     B 住院病人
     C 所有的人

   5 病人应该＿＿＿＿＿＿＿。
     A 不改变自己的生活习惯
     B 改掉不健康的生活习惯
     C 有不服从医生的自由

3 ▶ 다음 밑줄 친 부분과 같은 뜻을 가진 것을 고르시오.

1 有人<u>误以为</u>没病就是健康，其实健康包括生理、心理和社会三方面。
   A 不认为   B 不理解   C 错误认为

2 结果是大医院挤满了人，中小医院却<u>无人光顾</u>。
   A 缺少医生   B 没有人看病   C 没人听说过

3 医疗机构……也要<u>面向所有人</u>，提供更多的健康产品。
   A 站在所有人的前面   B 为所有的人服务   C 看所有的人

4 如果心脑血管病人不活动……<u>再好的医生和药物也没有办法</u>。
   A 医生没有办法、药物不起作用
   B 医生和药物还不够好
   C 没有办法，只好靠医生和药物

4 ▶ 다음 빈칸에 들어갈 동사를 보기에서 골라 써 넣으시오.

> 보기　提前　面向　光顾　提高　改变　以为　挤　服务　注意　提供

1 有人误＿＿＿没有病就是健康。

2 人们应该不断＿＿＿生命质量。

3 平时的衣食住行都应该＿＿＿＿健康。

4 结果是大医院＿＿＿满了人，中小医院却没有人愿意去。

5 ＿＿＿＿为健康才是聪明的选择。

6 医疗卫生机构也要＿＿＿观念。

7 不仅为病人＿＿＿＿，也要＿＿＿所有人，提供更多的健康产品。

每天要喝 8 杯水？

글자수 : 300 자 / 독해 시간 : 3 분 / 문제풀이 시간 : 8 분

如果问别人"每天要喝多少水"，很多人会回答"八杯"。
Rúguǒ wèn biéren "měitiān yào hē duōshao shuǐ", hěn duō rén huì huídá "bā bēi".

这是因为许多人都听说，每天喝八杯水是保持身体水平衡的最
Zhè shì yīnwèi xǔduō rén dōu tīngshuō, měitiān hē bā bēi shuǐ shì bǎochí shēntǐ shuǐpínghéng de zuì

好选择。可是，现在还没有一项科学研究明确地提出过这种说
hǎo xuǎnzé. Kěshì, xiànzài hái méiyǒu yí xiàng kēxué yánjiu míngquè de tíchūguo zhèzhǒng shuō-

法。问到这个问题，不管是营养学家还是医疗机构，都说不出
fa. Wèndào zhè ge wèntí, bùguǎn shì yíngyǎngxuéjiā háishi yīliáo jīgòu, dōu shuō bu chū

这种说法从何而来。看来，每天要喝八杯水的说法人人都知
zhèzhǒng shuōfa cóng hé ér lái. Kànlái, měitiān yào hē bā bēi shuǐ de shuōfa rén rén dōu zhī-

道，都这么相信，完全是因为被人们重复的次数太多了。当
dào, dōu zhème xiāngxìn, wánquán shì yīnwèi bèi rénmen chóngfù de cìshù tài duō le. Dāng-

然，如果你身体健康，那么喝水对你来说绝不是一件坏事。水
rán, rúguǒ nǐ shēntǐ jiànkāng, nàme hē shuǐ duì nǐ lái shuō jué búshì yí jiàn huàishì. Shuǐ

有助于消化，有助于排出身体里的垃圾。即使喝多了也不要
yǒuzhùyú xiāohuà, yǒuzhùyú páichū shēntǐli de lājī. Jíshǐ hē duō le yě búyào-

紧，你会排掉多余的部分。营养学家认为，用水代替其他饮料
jǐn, nǐ huì páidiào duōyú de bùfen. Yíngyǎngxuéjiā rènwéi, yòng shuǐ dàitì qítā yǐnliào

来补充身体所需要的热量，是有助于身体健康的。但是一定要
lái bǔchōng shēntǐ suǒxūyào de rèliàng, shì yǒuzhùyú shēntǐ jiànkāng de. Dànshì yídìng yào

喝八杯吗？我们真的需要每天都随身带着一瓶水吗？显然我们
hē bā bēi ma? Wǒmen zhēnde xūyào měitiān dōu suíshēn dàizhe yì píng shuǐ ma? Xiǎnrán wǒmen

并不需要这样。
bìng bù xūyào zhèyàng.

새로 나온 단어

保持 bǎochí 图 지키다, 유지하다

平衡 pínghéng 혱图 균형있다, 균형있게 하다

项 xiàng 양 가지, 항, 조목

明确 míngquè 혱 명확하다

营养 yíngyǎng 몡 영양, 양분

重复 chóngfù 图 중복하다, 반복하다

次数 cìshù 몡 횟수, 도수

绝 jué 뷔 절대로, 결코

排 pái 图 배제하다, 내보내다

要紧 yàojǐn 혱 엄중하다, 심각하다

多余 duōyú 혱 여분의, 나머지의

饮料 yǐnliào 몡 음료

热量 rèliàng 몡 열량

显然 xiǎnrán 뷔 명백히, 두드러지게

1 **不管**是营养学家**还是**医疗机构，**都**说不出这种说法从何而来

'不管'은 어떤 조건 하에서든 결과에 변화가 없음을 나타낸다. 뒤에는 선택의 의미를 갖는 단어들을 병렬시킬 수 있는데, '或者' '还是' 등을 쓴다. 또 뒷절에는 항상 부사 '都' '也' '总' 등이 호응한다.

> 예 不管你学什么专业，我们都支持你。
> 네가 무슨 전공을 하든, 우리는 모두 너를 지지할 것이다.
>
> 不管有钱还是没钱，都得吃饭!
> 돈이 있든 없든 모두 밥은 먹어야 한다!

2 **看来**，每天要喝八杯水的说法人人都知道

'看来'는 겉으로 드러난 것을 근거로 판단한다는 의미이다. 말하는 이의 추측을 나타내기도 하며, 부정형식을 수식할 수 있다.

> 예 看来，他喜欢你。
> 보아하니, 그가 너를 좋아하는 것 같다.
>
> 夜里看不到星星，看来明天有雨。
> 밤에 별이 안 보이는 것을 보니, 내일 비가 오겠다.

3 水**有助于**消化，**有助于**排出身体里的垃圾

'有助于'는 '～에 도움이 된다' '～에 유용하다'는 뜻이다.

> 예 旅游有助于人的心理健康。
> 여행은 심리적인 건강에 좋다.
>
> 母乳有助于预防小儿气喘。
> 모유는 소아의 천식을 예방하는 데 도움이 된다.

4 用水代替其他饮料**来**补充身体所需要的热量

'来'는 동사구조(개사구조)와 동사 사이에 쓰여서 방법·방향·태도·목적을 나타낸다.

> 예 你能用什么方法来帮助他呢？
> 네가 무슨 수로 그를 도울 수 있겠니?

专业 zhuānyè 전공 | 支持 zhīchí 지지하다 | 预防 yùfáng 예방하다 | 气喘 qìchuǎn 천식

1 본문을 읽고 다음 물음에 답하시오.

    1 作者是否同意"每天要喝八杯水"的说法？

    2 作者对喝水是什么看法？

2 ▶ 본문 내용에 근거하여 다음 빈칸에 들어갈 답을 고르시오.

    1 许多人认为每天喝八杯水可以______________。
       A 使身体保持合适的水量
       B 完全满足对水的需要
       C 使人一直不得病

    2 相信这个说法的是______________。
       A 营养学家　　　　　　B 医疗机构　　　　　　C 普通人

    3 人们相信这个说法是因为______________。
       A 被重复的次数太多了
       B 被科学研究证明了
       C 自己身体有这种感觉

    4 对喝水的正确态度是______________。
       A 喝得越多越好，超过八杯更好
       B 可以多喝，但不需要喝得太多
       C 不管你在哪儿身边都要有一瓶水

3 ▶ 다음 구나 문장에 대한 해석으로 맞는 것을 고르시오.

    1 保持身体水平衡的最好选择
       A 这是使身体不缺少水的最好办法
       B 选择这种做法可使身体保持健康
       C 要想不长胖喝这么多水最好

2 这种说法从何而来

    A 不知道有这种说法

    B 这种说法有什么理由

    C 这种说法的意思

3 绝不是一件坏事

    A 对你肯定有坏处　　　B 对你肯定没坏处　　　C 说不上是好是坏

4 水有助于消化

    A 水可以帮助消化　　　B 水与消化没有关系　　　C 消化完全依靠水

5 喝得太多也不要紧

    A 喝得太多有危险　　　B 喝得多一些很重要　　　C 喝得太多没关系

6 排掉多余的部分

    A 需要安排喝更多的水

    B 把超过需要的水排出去

    C 许多水都被排掉了

7 每天都随身带着一瓶水

    A 什么时候都离不开水

    B 每天只需要喝一瓶水

    C 外出的时候都要带水

4 ▸ 본문 내용에 근거하여 다음 빈칸에 알맞은 단어를 써 넣으시오.

　　问到这个问题，__1__是营养学家还是医疗机构，__2__说不出这种说法从何而来。看来，每天要喝八杯水的说法人人都知道，都这么__3__，完全是因为被人们重复的__4__太多了。当然，__5__你身体健康，__6__喝水对你来说绝不是一件__7__。

반어문

'반어문'이란 실제로 질문을 하는 것이 아니라, 말하는 사람이 듣는 이에 대하여 불만이나 비판, 혹은 비꼬는 듯한 느낌으로 말하는 것을 가리킨다.

반어문은 겉으로 드러나는 의미와 실제 의미가 정반대이다. 즉, 긍정형은 부정적 의미를 나타내고, 부정형은 오히려 긍정적인 의미를 나타낸다.

❶ 这东西谁买呢？
이런 물건을 누가 사겠냐? ⇒ 이 물건은 아무도 사려 하지 않는다.

❷ 他怎么会来呢？
그가 왜 오겠어? ⇒ 그는 절대로 오지 않는다.

시비의문문의 부정형도 반어문으로 사용할 수 있다.

❸ 他不是知道吗？
그는 알고 있지 않아요? ⇒ 그는 틀림없이 알고 있다.

또, '……什么' '……还用……' '难道……吗？' 등을 사용하는 반어문도 있다.

❹ 看什么？走开！　뭘 봐? 저리 꺼져!

❺ 这么容易，还用问？　이렇게 쉬운 것까지 물어 볼 필요 있어?

❻ 那件事，难道他不知道吗？　그 일을 그가 설마 모를까?

09

泰山、济南、曲阜自助游

타이산, 지난, 취푸 자유여행

自助游怎么花钱合算?

자유여행은 어떻게 해야 실속 있을까?

泰山、济南、曲阜自助游

글자수 : 321 자 / 독해 시간 : 4 분 30 초 / 문제풀이 시간 : 15 분

根据旅行社提供的计划，下个星期五早上坐旅游大巴从北
Gēnjù lǚxíngshè tígōng de jìhuà, xià ge xīngqīwǔ zǎoshang zuò lǚyóudàbā cóng Běi-

京出发去济南，午饭后游览济南的突泉、大明湖等名胜。第二
jīng chūfā qù Jǐnán, wǔfàn hòu yóulǎn Jǐnán Bàotūquán、Dàmínghú děng míngshèng. Dì èr

天早饭后去泰山，登泰山（午饭自理），然后去宾馆吃晚饭，休
tiān zǎofàn hòu qù Tàishān, dēng Tàishān (wǔfàn zìlǐ), ránhòu qù bīnguǎn chī wǎnfàn, xiū-

息。第三天早上去曲阜，游览孔府、孔庙、孔林，午饭后坐车
xi. Dì sān tiān zǎoshang qù Qūfù, yóulǎn Kǒngfǔ、Kǒngmiào、Kǒnglín, wǔfàn hòu zuò chē

回北京。这样的三日游，旅行社的报价是每人700元。两个晚
huí Běijīng. Zhèyàng de sān rì yóu, lǚxíngshè de bàojià shì měirén qībǎi yuán. Liǎng ge wǎn-

上住的都是三星级宾馆的二人间。虽然价格可以接受，但我们
shang zhù de dōu shì sānxīngjí bīnguǎn de èrrénjiān. Suīrán jiàgé kěyǐ jiēshòu, dàn wǒmen

觉得这样旅游太匆忙了，比如像泰山这样的历史文化名山，有
juéde zhèyàng lǚyóu tài cōngmáng le, bǐrú xiàng Tàishān zhèyàng de lìshǐ wénhuà míngshān, yǒu

许多东西可看，完全应该花更多的时间游览。再说，现在不是
xǔduō dōngxi kě kàn, wánquán yīnggāi huā gèng duō de shíjiān yóulǎn. Zàishuō, xiànzài búshì

旅游的旺季，来回的火车票并不难买，我们也不必住三星级宾
lǚyóu de wàngjì, láihuí de huǒchēpiào bìng bù nán mǎi, wǒmen yě búbì zhù sānxīngjí bīn-

馆，一般的宾馆就行了。因此，我们打算自己去，来一次泰山、
guǎn, yìbān de bīnguǎn jiù xíng le. Yīncǐ, wǒmen dǎsuan zìjǐ qù, lái yí cì Tàishān、

济南、曲阜自助五日游，相信这样会玩得更痛快，花的钱可能
Jǐnán、Qūfù zìzhù wǔ rì yóu, xiāngxìn zhèyàng huì wán de gèng tòngkuai, huā de qián kěnéng

也就700元左右，何乐而不为呢？
yě jiù qībǎi yuán zuǒyòu, hé lè ér bù wéi ne?

自助游 zìzhùyóu 명 자유여행

旅行社 lǚxíngshè 명 여행사

游览 yóulǎn 동 유람하다

名胜 míngshèng 명 명승지, 명소

登 dēng 동 오르다, 올라가다

自理 zìlǐ 동 스스로 처리하다, 스스로 부담하다

报价 bàojià 명 견적서, 오퍼

宾馆 bīnguǎn 명 호텔

匆忙 cōngmáng 형 매우 바쁘다, 분주하다

再说 zàishuō 접 게다가, 덧붙여 말할 것은

旺季 wàngjì 명 성수기

1 再说，现在不是旅游的旺季

'再说'는 '게다가' '덧붙여 말할 것은'이라는 뜻으로, 복문의 뒷절을 이어 보충하는 설명을 이끌어 낸다. 뒤에 휴지를 둘 수 있다.

> 예 今天有雨，再说，你的身体也不好，我们改天去吧。
> 오늘 비도 온다는데다 네 몸도 안 좋으니, 우리 다음에 가자.
>
> 这件衣服颜色不怎么样，再说，你的身材也不适合这种款式。
> 이 옷은 색깔도 별로인데다, 이런 스타일은 네 몸매에 어울리지 않아.

2 来回的火车票并不难买

'并'은 '결코' '전혀'라는 뜻으로, 부정형식 앞에 사용하여 어떠한 사실이 사람들이 상상하는 모습 그대로가 아님을 강조한다.

> 예 他并不喜欢跑步。
> 그는 결코 조깅을 좋아하지 않는다.
>
> 减肥并不在于少吃脂肪。
> 다이어트는 결코 지방을 적게 먹는 것에 있지 않다.

3 我们也不必住三星级宾馆，一般的宾馆就行了

'不必'는 일의 사리나 도리상 필요치 않음을 나타낸다. 반드시 주어 뒤에 위치해야 하며, 질문에 대한 대답일 경우는 단독으로 쓰일 수 있다.

> 예 老板终于对他说：“明天你不必上班了。”
> 사장은 결국 그에게 "내일부터 출근할 필요 없네"라고 말했다.
>
> A: 要我帮你吗？
> 내가 도와 줄까?
>
> B: 不必了。
> 아니, 괜찮아.

款式 kuǎnshì 스타일 │ 脂肪 zhīfáng 지방

1 ▶ 본문을 읽고 다음 물음에 답하시오.

   1 旅行社提供的旅行计划是什么样的？价格多少？

   2 "我们"打算做哪些改变？

2 ▶ 본문 내용에 근거하여 다음 빈칸에 들어갈 답을 고르시오.

   1 旅行社计划从北京去济南是＿＿＿＿＿＿。
    A 乘火车   B 乘飞机   C 乘汽车

   2 旅行社计划在泰山＿＿＿＿＿＿。
    A 玩一天   B 玩三天   C 玩一上午

   3 旅行社计划游曲阜之后＿＿＿＿＿＿。
    A 第二天早上回北京
    B 当天晚上回北京
    A 当天下午回北京

   4 旅行社计划里的住宿条件是＿＿＿＿＿＿。
    A 三星级宾馆一人一个房间
    B 三星级宾馆两人一个房间
    C 一般旅馆三人一个房间

   5 三日游需要＿＿＿＿＿＿。
    A 在宾馆住两个晚上
    B 在宾馆住三个晚上
    C 计划里没有说明

   6 "我们"觉得旅行社的计划＿＿＿＿＿＿。
    A 价格太贵了
    B 玩的地方没意思
    C 玩的时间太紧张

3 ▸ 다음 밑줄 친 부분과 같은 뜻을 가진 것을 고르시오.

1　……午饭后游览济南跑突泉、大明湖等<u>名胜</u>。
  A　有名的旅游景点　　　　B　古代有名的建筑　　　C　非常热闹的地方

2　第二天早饭后去泰山，登泰山（<u>午饭自理</u>）……
  A　没时间吃午饭　　　　B　自己准备午饭　　　C　午饭不用准备

3　这样的三日游，旅行社的<u>报价</u>是每人700元。
  A　提出的计划　　　　　B　提出的价格　　　C　一般的价格

4　比如像泰山这样的<u>历史文化名山，有许多东西可看</u>……
  A　需要先看看书了解泰山的历史
  B　泰山的名胜很丰富
  C　历史文化名山游客总是很多

5　现在不是<u>旅游的旺季</u>，来回的火车票并不难买……
  A　旅游业发展很快　　　B　著名的旅游景点　　　C　游客很多的时候

6　我们打算自己去，来一次泰山、济南、曲阜<u>自助五日游</u>……
  A　每个人自己去玩五天
  B　不靠旅行社自己玩五天
  C　五天里可能去泰山、也可能去曲阜

4 ▸ 본문 내용에 근거하여 다음 빈칸에 알맞은 단어를 써 넣으시오.

  第二天早饭后去泰山，登泰山，　1　去宾馆吃晚饭，休息……虽然价格可以接受，　2　我们觉得这样旅游太匆忙了，　3　像泰山这样的历史文化名山，有许多东西可看，完全应该花更多的时间。　4　，现在不是旅游的旺季，来回的火车票并不难买，我们也不必住三星级宾馆，一般的旅馆就行了。　5　，我们打算自己去，来一次泰山、济南、曲阜自助五日游，相信这样会玩得更痛快，花的钱可能也就700元　6　，何乐而不为呢？

自助游怎么花钱合算?

글자수 : 364 자 / 독해 시간 : 4 분 / 문제풀이 시간 : 8 분

当你与家人或朋友一起准备旅游时，是否想过怎么合理
Dāng nǐ yǔ jiārén huò péngyou yìqǐ zhǔnbèi lǚyóu shí, shìfǒu xiǎngguo zěnme hélǐ

用钱，怎样用最节省的方式得到更多的旅游乐趣？自助旅游
yòng qián, zěnyàng yòng zuì jiéshěng de fāngshì dédào gèng duō de lǚyóu lèqù? Zìzhùlǚyóu

中交通和住宿需要花的钱最多，所以首先考虑的就是怎么节
zhōng jiāotōng hé zhùsù xūyào huā de qián zuì duō, suǒyǐ shǒuxiān kǎolǜ de jiùshì zěnme jié-

省这两项费用。
shěng zhè liǎng xiàng fèiyòng.

首先，坐火车与坐飞机哪个最合算？时间比较多的旅游者，
Shǒuxiān, zuò huǒchē yǔ zuò fēijī nǎ ge zuì hésuàn? Shíjiān bǐjiào duō de lǚyóuzhě,

可以选择坐火车旅游，要比坐飞机合算。比如从重庆到北京，来
kěyǐ xuǎnzé zuò huǒchē lǚyóu, yào bǐ zuò fēijī hésuàn. Bǐrú cóng Chóngqìng dào Běijīng, lái-

回火车普通卧铺票是 800 元左右，而"双飞"需要 2800 元左右。
huí huǒchē pǔtōng wòpù piào shì bābǎi yuán zuǒyòu, ér "shuāngfēi" xūyào liǎngqiān bābǎi yuán zuǒyòu.

其次是旅游景点交通工具的选择。去旅游景点的交通工具
Qícì shì lǚyóu jǐngdiǎn jiāotōng gōngjù de xuǎnzé. Qù lǚyóu jǐngdiǎn de jiāotōng gōngjù

很多，有一日游、二日游的旅游专车，还有公共汽车和出租车
hěn duō, yǒu yí rì yóu、èr rì yóu de lǚyóuzhuānchē, háiyǒu gōnggòngqìchē hé chūzūchē

等。但为了节省费用，不如自己买一张那里的地图，按照地图
děng. Dàn wèile jiéshěng fèiyòng, bùrú zìjǐ mǎi yì zhāng nàli de dìtú, ànzhào dìtú-

上的坐车线路，坐公共汽车或旅游专车去游玩，既便宜又方便。
shang de zuòchēxiànlù, zuò gōnggòngqìchē huò lǚyóuzhuānchē qù yóuwán, jì piányi yòu fāngbiàn.

第三是住宿问题。如果是自助游，住宾馆前先还价，再登
Dì sān shì zhùsù wèntí. Rúguǒ shì zìzhùyóu, zhù bīnguǎn qián xiān huán jià, zài dēng-

记。现在城市的宾馆越来越多，出去旅游找个住的地方不成问
jì. Xiànzài chéngshì de bīnguǎn yuèláiyuè duō, chūqù lǚyóu zhǎo ge zhù de dìfang bùchéng wèn-

题，而且选择的余地很大，因此大多数宾馆都可以还价。从一
tí, érqiě xuǎnzé de yúdì hěn dà, yīncǐ dàduōshù bīnguǎn dōu kěyǐ huán jià. Cóng yì-

些城市住宿的价格看，一般可以还价 20%～30%。
xiē chéngshì zhùsù de jiàgé kàn, yìbān kěyǐ huán jià bǎi fēn zhī èrshí dào bǎi fēn zhī sānshí.

合算　hésuàn　형 수지가[채산이] 맞다

节省　jiéshěng　형 아끼다, 절약하다

乐趣　lèqù　명 즐거움, 재미

住宿　zhùsù　동 묵다, 숙박하다

首先　shǒuxiān　접 첫째

费用　fèiyòng　명 비용, 지출

卧铺　wòpù　명 (기차나 여객선 따위의) 침대

其次　qícì　접 다음

专车　zhuānchē　명 특별 열차, 전용 열차

线路　xiànlù　명 노선, 선로

还价　huán jià　값을 깎다, 에누리하다

登记　dēngjì　동 체크인하다, 등록하다

余地　yúdì　명 여지

1　当你与家人或朋友一起准备旅游时

'当……'은 항상 문장의 첫머리에 위치하고, 시간을 나타내는 부사어로 사용된다. '时'를 수식하는 수식어가 비교적 길 때에는 '时'를 생략할 수 있다.

예　当我们吃饭的时候，忽然有客人来了。
우리가 밥을 먹고 있을 때, 갑자기 손님이 방문하였다.

当我们正准备走，来了一个乞丐。
우리가 막 가려고 하는데, 한 거지가 왔다.

2　是否想过怎么合理用钱，怎样用最节省的方式得到更多的旅游乐趣?

'是否'는 '是不是'의 의미로, 일반적으로 동사술어나 형용사술어를 수식하며, 의문문을 만든다.

예　是否要去医院看看?
병원에 가야 하지 않겠어?

3　首先……其次……第三……

'첫째……, 둘째……, 셋째……' 이렇게 여러 가지 사항을 열거할 때 쓰인다.

4　坐公共汽车或旅游专车去游玩，既便宜又方便

'既'는 '又' '也' 등과 함께 쓰여 병렬관계를 나타낸다. '既……又……'는 주로 두 개의 형용사 혹은 묘사의 성질을 지닌 단어나 구를 연접시킨다.

예　他做事既大胆又细心。
그는 대담하고 또 세심하게 일을 처리한다.

他这个人既好看又有钱，就是我的梦中人。
그는 잘생긴데다 돈도 많은 것이 바로 내가 꿈에 그리던 사람이다.

乞丐 qǐgài 거지 ㅣ 大胆 dàdǎn 대담하다 ㅣ 细心 xìxīn 세심하다, 주의깊다

1 ▶ 본문을 읽고 다음 물음에 답하시오.

1 文章认为自助游应该考虑节省什么费用？

2 坐旅游专车可以有什么好处？

3 坐火车出去旅游，可以比坐飞机节约多少？

2 ▶ 본문 내용에 근거하여 다음 빈칸에 들어갈 답을 고르시오.

1 文章的内容是______________。
A 怎么选择旅游路线
B 怎么和旅行社打交道
C 怎么节约旅游费用

2 文章里坐火车的费用______________。
A 是按卧铺票票价计算的
B 是按普通坐票票价计算的
C 是按旅游专车票价计算的

3 买一张地图找一找坐车路线______________。
A 可以快一点到达景点
B 就不会坐错车
C 可以节省交通费用

4 许多宾馆______________。
A 可以买车票　　　　　B 可以还价　　　　　C 可以登记

3 ▶ 다음 구나 문장에 대한 해석으로 맞는 것을 고르시오.

1 合理用钱
A 相当浪费　　　　　B 花钱有计划　　　　　C 把钱存入银行

2　用最节省的方式得到更多的旅游乐趣

  A　花钱少就不可能快乐

  B　花钱少让人很快乐

  C　既玩得快乐又很节省

3　哪个最合算

  A　哪一个花钱少但好处多

  B　哪一种方式让人更舒服

  C　哪一种方式最节省时间

4　出去旅游找个住的地方不成问题

  A　旅游时很容易找到住的地方

  B　出去旅游住宿问题很难解决

  C　出去旅游要先考虑住宿问题

5　而且选择的余地很大

  A　选择旅游的景点　　　B　可以有多种选择　　　C　宾馆有各种服务

6　一般可以还价 20% ~ 30%

  A　有 20% ~ 30% 的旅游者还价

  B　可以比原来的价格少 20% ~ 30%

  C　是原来价格的 20% ~ 30%

4 ▶ 본문 내용에 근거하여 다음 빈칸에 알맞은 단어를 써 넣으시오.

    ＿＿1＿＿，坐火车与坐飞机哪个最合算？时间比较多的旅游者，可以选择坐火车旅游，要比坐飞机合算……

    ＿＿2＿＿是旅游景点交通工具的选择。去旅游景点的交通工具很多，有一日游、二日游的旅游专车，＿＿3＿＿公共汽车和出租车等。

    ＿＿4＿＿是住的问题。如果是自助游，住宾馆前＿＿5＿＿还价，＿＿6＿＿登记。现在城市的宾馆越来越多，出去旅游找个住的地方不成问题，＿＿7＿＿选择的余地很大，＿＿8＿＿大多数宾馆都可以还价。

겸어문

겸어문은 한 문장에 두 개의 술어가 있는 것으로, 첫 번째 술어의 목적어가 두 번째 술어의 주어를 겸하고 있는 문장을 말한다. 첫 번째 술어의 목적어, 즉 두 번째 술어의 주어는 반드시 두 번째 동사가 나타내는 동작의 주체 역할을 하는 것이다.

겸어문에 등장하는 동사는 ❶사역동사 ❷칭찬이나 비난을 나타내는 동사 ❸'是' ❹'有'와 '没有' ❺동사 '给' 등 다섯 종류가 있다.

❶ **请他来一下。**
그에게 잠깐 오라고 해라.

❷ **批评他懒惰。**
그가 게으르다고 비난하다.

❸ **都是我不好。**
모두 내가 나쁜 것이다.

❹ **没有人反对。**
아무도 반대하지 않는다.

❺ **借一本书给他看。**
책을 한 권 빌려서 그에게 읽게 하다.

10

 **정독**

借儿子

아들을 빌리다

 **속독**

谁来做家务?

누가 가사일을 하나?

借儿子

글자수 : 374 자 / 독해 시간 : 5 분 / 문제풀이 시간 : 15 분

不知是不是因为属老虎，儿子一生下来，就特别能吃。医
Bù zhī shìbushì yīnwèi shǔ lǎohǔ, érzi yì shēng xiàlai, jiù tèbié néng chī. Yī-

院里一瓶可以喂六七个新生儿的牛奶，一眨眼就能被他喝完。真
yuànli yì píng kěyǐ wèi liùqī ge xīnshēng'ér de niúnǎi, yìzhǎyǎn jiù néng bèi tā hēwán. Zhēn-

是属老虎的，随着儿子一天天长大，他对吃肉也越来越感兴趣。
shì shǔ lǎohǔ de, suízhe érzi yìtiāntiān zhǎngdà, tā duì chī ròu yě yuèláiyuè gǎn xìngqù.

不管是什么饭，只要有肉，他顿顿都吃得有滋有味。看着儿子
Bùguǎn shì shénme fàn, zhǐyào yǒu ròu, tā dùndùn dōu chī de yǒu zī yǒu wèi. Kànzhe érzi

体重开始超标，我开始担心了。我开始限制他的饭量，特别不
tǐzhòng kāishǐ chāo biāo, wǒ kāishǐ dānxīn le. Wǒ kāishǐ xiànzhì tā de fànliàng, tèbié bú

愿意带他参加宴会——这种时候他往往最受别人喜欢，而我在
yuànyì dài tā cānjiā yànhuì—zhèzhǒng shíhòu tā wǎngwǎng zuì shòu biéren xǐhuan, ér wǒ zài

别人面前又不能限制他，于是他就会放开肚子地吃。一天，朋
biéren miànqián yòu bùnéng xiànzhì tā, yúshì tā jiù huì fàngkāi dùzi de chī. Yìtiān, péng-

友来找我，说要"借儿子用用"。原来，她是想让儿子到她家，
you lái zhǎo wǒ, shuō yào "jiè érzi yòngyong". Yuánlái, tā shì xiǎng ràng érzi dào tā jiā,

为她那半天吃不下一勺子饭的宝贝女儿做个榜样。晚上儿子
wèi tā nà bàntiān chī bu xià yì sháozi fàn de bǎobèi nǚér zuò ge bǎngyàng. Wǎnshang érzi

回来，掰着胖胖的手指头，告诉我他吃了多少块肉，多少个鸡
huílái, bāizhe pàngpàng de shǒuzhǐtou, gàosu wǒ tā chī le duōshao kuài ròu, duōshao ge jī-

腿……我正暗暗叫苦，另一位朋友又打来电话，说听了前边那
tuǐ……Wǒ zhèng ànàn jiào kǔ, lìng yí wèi péngyou yòu dǎlái diànhuà, shuō tīng le qiánbian nà

位朋友的介绍，借了我儿子回家后很有效果，因此嘛……这还
wèi péngyou de jièshào, jiè le wǒ érzi huíjiā hòu hěn yǒu xiàoguǒ, yīncǐ ma……Zhè hái

得了！儿子给这么借来借去的，不出几天，还不吃成个什么样
déliǎo! Érzi gěi zhème jiè lái jiè qù de, bù chū jǐ tiān, hái bù chīchéng ge shénme yàng-

子了！不管是什么朋友，从现在起，我的儿子概不外借！
zi le! Bùguǎn shì shénme péngyou, cóng xiànzài qǐ, wǒ de érzi gài bú wàijiè!

喂 wèi 통 음식을 먹이다, 먹여 주다

一眨眼 yìzhǎyǎn 눈 깜짝할 사이, 일순간

滋味 zīwèi 명 맛

超标 chāo biāo 규정된 기준을 초과하다

宴会 yànhuì 명 연회

限制 xiànzhì 통 제한하다, 한정하다

往往 wǎngwǎng 부 왕왕, 늘, 흔히

勺子 sháozi 명 숟가락

肚子 dùzi 명 복부, 배

榜样 bǎngyàng 명 본보기, 모범

掰 bāi 통 (손으로) 물건을 쪼개다, 뜯다, 따다

暗暗 àn'àn 부 슬며시, 은근히, 남몰래

叫苦 jiào kǔ 고통[괴로움]을 호소하다, 죽는[우는] 소리를 하다

效果 xiàoguǒ 명 효과

(一)概 (yí) gài 부 일절, 전혀

1 这种时候他往往最受别人喜欢

'往往'은 '항상' '때때로'라는 의미로, 어떤 조건 아래에서 대다수의 상황이 이와 같음을 나타내며, 부정사의 수식을 받지 않는다.

예 他为人耿直，往往会得罪人。
그는 사람 됨됨이가 강직해서, 종종 남에게 미움을 산다.

他往往不吃早餐就去公园散步。
그는 종종 아침도 먹지 않고 공원에 산책하러 간다.

2 原来，她是想让儿子到她家

'原来'는 '알고 보니'라는 뜻으로, 과거에 몰랐던 상황이 발견됨을 나타낸다.

예 原来，这些钱都是假币。
알고 보니, 이 돈들이 다 가짜돈이었다.

今天房间怎么这么热，原来空调坏了。
오늘 집이 왜 이렇게 덥나 했더니, 에어컨이 고장났었구나.

3 这还得了

'这还得了'는 '큰일이다' '심각하다'라는 뜻으로 사태의 심각함을 나타내며, 주로 반어나 부정으로 쓰인다. '这还了得'라고도 한다.

4 儿子给这么借来借去的，不出几天，还不吃成个什么样子了！

'……来……去'는 구체적인 행동을 나타내는 동일한 동사를 각각 삽입하여, 왔다갔다 하거나 이리저리 움직이거나 혹은 한 곳에서 전후좌우로 반복해서 이동하는 것을 나타낸다.

예 两群鸟儿在大森林的上空飞来飞去。
두 무리의 새들이 큰 숲속의 하늘 위를 이리저리 날아다닌다.

他每天跑来跑去找工作。
그는 매일 왔다갔다 하며 일자리를 찾아 다닌다.

为人 wéirén 사람 됨됨이 | 耿直 gěngzhí 강직하다 | 空调 kōngtiáo 에어컨

1 본문을 읽고 다음 물음에 답하시오.

  1 为什么课文要提到儿子属老虎？

  2 "我"为什么为儿子担心？

  3 "我"是怎么做的？

  4 什么时候"我"限制不了儿子？

  5 "借儿子"是怎么一回事？

2 본문 내용에 근거하여 다음 빈칸에 들어갈 답을 고르시오.

  1 儿子一生下来＿＿＿＿＿＿＿。
    A 身体就非常胖
    B 吃东西就特别多
    C 就知道自己属老虎

  2 后来儿子的体重＿＿＿＿＿＿＿。
    A 超过了父母
    B 超过标准体重
    C 和别的孩子差不多

  3 "我"不愿意做的事情是＿＿＿＿＿＿＿。
    A 带他去参加宴会
    B 限制他的饭量
    C 给儿子做有肉的菜

  4 朋友借儿子是因为＿＿＿＿＿＿＿。
    A 想让他长得更健康
    B 想给女儿找个榜样
    C 家里吃的东西太多了

5 "借儿子"的效果怎么样? ______________。

    A 看不出来   B 效果不错   C 一点效果都没有

6 "我"最后决定: ______________。

    A 不借儿子了，朋友也不行

    B 儿子可以借给朋友

    C 借儿子得限制他的饭量

3 다음 밑줄 친 부분과 같은 뜻을 가진 것을 고르시오.

1 <u>真是属老虎的</u>，随着儿子一天天长大，他对吃肉也越来越感兴趣。

    A 老虎能吃，他也能吃

    B 他长得很像老虎

    C 老虎很重，他也很重

2 ……只要有肉，他顿顿都<u>吃得有滋有味</u>。

    A 吃得不多   B 吃得高兴   C 没有味道

3 我在别人面前又不能限制他，于是他就会<u>放开肚子地吃</u>。

    A 没有限制地吃   B 肚子疼也要吃   C 身体不是很好

4 她是想让儿子到她家，为她那<u>半天吃不下一勺子饭</u>的宝贝女儿做个榜样。

    A 吃饭时间太长   B 不喜欢用勺   C 不想吃饭

5 我正<u>暗暗叫苦</u>，另一位朋友又打来电话……

    A 心里很高兴   B 心里考虑着   C 心里很发愁

6 <u>不管是什么朋友，从现在起，我的儿子概不外借！</u>

    A 不管是谁来借，我都不借

    B 一般来说我是不借的

    C 不打算借给陌生人

谁来做家务?

글자수 : 256 자 / 독해 시간 : 3 분 / 문제풀이 시간 : 8 분

最近，一家报纸就事业与家庭问题在女性中作了一次调查。
Zuìjìn, yì jiā bàozhǐ jiù shìyè yǔ jiātíng wèntí zài nǚxìng zhōng zuò le yí cì diàochá.

一半以上的女性的看法是事业与家庭并重。但是，在所有被调
Yí bàn yǐshàng de nǚxìng de kànfa shì shìyè yǔ jiātíng bìngzhòng. Dànshì, zài suǒyǒu bèi diào-

查的女性中，有34.5%的人选择了以家庭为重，真正选择以事
chá de nǚxìng zhōng, yǒu bǎi fēn zhī sānshísì diǎn wǔ de rén xuǎnzé le yǐ jiātíng wéi zhòng, zhēnzhèng xuǎnzé yǐ shì-

业为重的只有11.2%。在调查中，55.6%的女性不愿意给家务
yè wéi zhòng de zhǐyǒu bǎi fēn zhī shíyī diǎn èr. Zài diàochá zhōng, bǎi fēn zhī wǔshíwǔ diǎn liù de nǚxìng bú yuànyì gěi jiāwù-

事画上性别标记，她们认为，家务事"谁有时间谁就多做一点，
shì huàshàng xìngbié biāojì, tāmen rènwéi, jiāwùshì "Shéi yǒu shíjiān shéi jiù duō zuò yìdiǎn,

何必分男女呢"。24.4%的女性认为"虽然女性可以多承担一
hébì fēn nánnǚ ne". Bǎi fēn zhī èrshísì diǎn sì de nǚxìng rènwéi "Suīrán nǚxìng kěyǐ duō chéngdān yì-

些，但男性也不应该一点都不做"。而真正认为家务事应该
xiē, dàn nánxìng yě bù yīnggāi yìdiǎn dōu bú zuò". Ér zhēnzhèng rènwéi jiāwùshì yīnggāi

"全部由女性承担"或"全部由男性承担"的只有3.4%和0.5%。
"quánbù yóu nǚxìng chéngdān" huò "quánbù yóu nánxìng chéngdān" de zhǐyǒu bǎi fēn zhī sān diǎn sì hé bǎi fēn zhī líng diǎn wǔ.

64.1%的女性表示，她们并没有"家庭财政一把抓"，在她们
Bǎi fēn zhī liùshísì diǎn yī de nǚxìng biǎoshì, tāmen bìng méiyǒu "jiātíng cáizhèng yìbǎzhuā", zài tāmen

的家庭里，更多的是夫妻双方平等地一起管理家庭财政。
de jiātíngli, gèng duō de shì fùqī shuāngfāng píngděng de yìqǐ guǎnlǐ jiātíng cáizhèng.

새로 나온 단어

就 jiù 〈개〉 ～에 대하여, ～에 관하여

事业 shìyè 〈명〉 사업, 사회 활동

女性 nǚxìng 〈명〉 여성

调查 diàochá 〈명·동〉 조사(하다)

并重 bìngzhòng 〈동〉 다 같이 중시하다

性别 xìngbié 〈명〉 성별

标记 biāojì 〈명〉 기호, 표지

何必 hébì 〈부〉 구태여[하필] ～할 필요가 있는가

分 fēn 〈동〉 분별하다, 가리다

承担 chéngdān 〈동〉 담당하다, 맡다

男性 nánxìng 〈명〉 남성

财政 cáizhèng 〈명〉 재정

平等 píngděng 〈형〉 평등하다, 대등하다

管理 guǎnlǐ 〈동〉 관리하다, 관할하다

1 一家报纸就事业与家庭问题在女性中作了一次调查

여기서 '就'는 개사로, 분석·연구·토론·처리의 대상이나 범위를 이끌어 낸다.

예 我现在就大家提的问题谈几点意见。
제가 지금부터 여러분이 제기한 문제에 대해 몇 가지 의견을 이야기하겠습니다.

2 有 34.5% 的人选择了以家庭为重

'以……为……'는 '认为……是……(~을 …라고 여기다)'의 의미로, '以'와 '为'의 목적어는 동사(구)나 형용사(구)인 경우가 많다.

예 他以苦为乐，锻炼自己的意志。
그는 고생을 낙으로 여기며, 자신의 의지를 단련한다.

3 谁有时间谁就多做一点

'谁'는 임의의 사람을 가리키며, 앞뒤의 '谁'는 모두 동일인이다.

예 谁不愿意去，谁不用参加。
누구든 원하지 않으면 참가하지 않아도 된다.

4 何必分男女呢

'何必'는 반문의 어기로 '~할 필요가 없다'는 의미이다. 문미에 자주 '呢'가 쓰여 '何必'와 호응한다.

예 我又不是外人，何必这样客气呢！
내가 남도 아닌데, 그렇게 예의차릴 필요 없어!

这么简单的事儿，何必麻烦人家！
이렇게 간단한 일 가지고 남을 귀찮게 할 필요가 뭐가 있어!

1 본문을 읽고 다음 물음에 답하시오.

   1 文章提到的那次调查调查的是什么问题？

   2 有多少女性读者选择以家庭为重？

   3 有多少人认为家务事应该完全由男性承担？

   4 多数家庭怎么管理家庭财政？

2 본문 내용에 근거하여 다음 빈칸에 들어갈 답을 고르시오.

   1 认为事业与家庭一样重要的＿＿＿＿＿＿。
     A 超过50%   B 不到一半   C 34.5%

   2 选择以事业为重的＿＿＿＿＿＿。
     A 占大多数   B 只有一小部分   C 约占一半

   3 很多人认为家务事＿＿＿＿＿＿。
     A 女的应该多干一些
     B 男女都应该干一些
     C 男的应该多干一些

   4 完全由妻子来管理家庭财政的情况＿＿＿＿＿＿。
     A 占大多数   B 根本不存在   C 并不普遍

3 다음 구나 문장에 대한 해석으로 맞는 것을 고르시오.

   1 事业与家庭并重
     A 事业比家庭更重要
     B 事业与家庭一样重要
     C 家庭比事业更重要

2　以家庭为重

    A　认为家庭更重要

    B　认为家务事太重

    C　认为家庭不重要

3　为家务事画上性别标记

    A　家务事就是女的或男的干

    B　家务事女的和男的一起干

    C　男的女的都不干家务事

4　谁有时间谁就多做一点，何必分男女呢

    A　男的女的都可以干家务事

    B　不管男女，谁有时间谁就干

    C　男的女的一定要多花时间

5　家庭财政一把抓

    A　家里的钱都由一个人管

    B　把家里的钱管得很紧

    C　家里收入都来自一个人

4 ▶ 본문 내용에 근거하여 다음 빈칸에 알맞은 단어를 써 넣으시오.

　　最近一家报纸＿＿1＿＿事业与家庭问题，在女性读者中作了一次调查。……在所有被调查者中有34.5%的人选择了＿＿2＿＿家庭＿＿3＿＿重，真正选择以事业为重的＿＿4＿＿占11.2%。在调查中，55.6%的女性不愿意给家务事画上性别＿＿5＿＿，她们认为，家务事"谁有时间谁就多做一点，＿＿6＿＿分男女呢"。24.4%的女性认为"虽然女性可以多承担一些，但男性也不应该＿＿7＿＿不做"。而真正＿＿8＿＿家务事应该"完全由女性承担"或"完全由男性承担"的＿＿9＿＿3.4%和0.5%。64.1%的女性表示，她们并没有"家庭财政一把抓"，在她们的家庭里，＿＿10＿＿的是夫妻双方＿＿11＿＿地一起管理家庭财政。

중국어 문장부호에 대한 이해

중국어에도 다양한 문장부호가 있다. 이러한 문장부호를 정확히 이해하고 있지 않으면, 단어·구·절 간의 관계를 제대로 파악하지 못해 잘못 해석할 수 있으니 잘 알아놓도록 하자.

＋ 逗号 (,) dòuhào
우리의 쉼표와 기능이 완전히 같지는 않다. 보통 주어가 길 경우 혹은 주어를 강조하기 위해, 문두에 부사어가 나오는 경우, 목적어가 긴 주술구조나 복합문에서 동사와 목적어 사이에, 복합문에서 절과 절 사이에 '逗号'를 사용한다.

＋ 句号 (。) jùhào
문장 끝에 쓰이는 마침표를 말한다. 온점(.) 대신에 고리점(。)을 쓴다.

＋ 顿号 (、) dùnhào
문장 내부에서 병렬관계인 단어나 어구 사이에 사용한다. 우리의 가운뎃점 (·)과 비슷하다.

＋ 引号 ("") yǐnhào
문장을 인용하거나 단어나 구를 강조할 때 쓴다. 우리는 강조할 때 보통 작은따옴표('')를 쓰지만, 중국어에서는 큰따옴표를 쓴다.

＋ 分号 (;) fēnhào
주로 복합문에서 병렬관계인 절 사이의 휴지를 나타내고자 할 경우 사용한다.

＋ 冒号 (:) màohào
'说' '想' '是' 등의 동사 뒤에 비교적 긴 목적어를 가질 경우, 독자의 주의를 끌기 위해 사용한다. 또는 총괄하는 말이 나오고 뒤에 세부설명이 들어갈 경우 총괄하는 말 뒤에 쓴다.

＋ 破折号 (——) pòzhéhào
어떤 말이 나오고, 그 말에 대한 해석·주석이 뒤따를 때, 해석을 나타내는 말 앞에 사용한다.

11

정독

户外活动

야외 활동

속독

早饭吃不吃没关系吗?

아침밥을 먹든 안 먹든 상관 없을까?

户外活动

글자수 : 369 자 / 독해 시간 : 5 분 / 문제풀이 시간 : 15 분

星期六早上，天刚蒙蒙亮，石磊就起床了。检查了一遍已
Xīngqīliù zǎoshang, tiān gāng méngméng liàng, Shílěi jiù qǐchuáng le. Jiǎnchá le yí biàn yǐ-

经装好的登山包，穿上登山鞋，他开始了一天的行程。这个周
jing zhuānghǎo de dēngshānbāo, chuānshàng dēngshānxié, tā kāishǐ le yì tiān de xíngchéng. Zhè ge zhōu-

末，他要和一些网友去登北京地区的最高峰——灵山。自从偶
mò, tā yào hé yìxiē wǎngyǒu qù dēng Běijīng dìqū de zuìgāofēng—Língshān. Zìcóng ǒu-

尔参加了一次户外活动，石磊就喜欢上了这项活动。他这样谈
ěr cānjiā le yí cì hùwài huódòng, Shílěi jiù xǐhuanshàng le zhè xiàng huódòng. Tā zhèyàng tán-

到第一次参加户外活动的感受："这是我参加过的最有意思的
dào dì yī cì cānjiā hùwài huódòng de gǎnshòu: "Zhè shì wǒ cānjiāguo de zuì yǒuyìsi de

一次活动，它让我能够走出城市，亲近大自然，感受自我，那
yí cì huódòng, tā ràng wǒ nénggòu zǒuchū chéngshì, qīnjìn dàzìrán, gǎnshòu zìwǒ, nà-

种轻松的感觉是平时的生活中没有的。更重要的是，当我爬山
zhǒng qīngsōng de gǎnjué shì píngshí de shēnghuó zhōng méiyǒu de. Gèng zhòngyào de shì, dāng wǒ pá shān

爬到一半，累得想要放弃的时候，我咬牙坚持了下来。当我站
pá dào yí bàn, lèi de xiǎng yào fàngqì de shíhou, wǒ yǎo yá jiānchí le xiàlái. Dāng wǒ zhàn

在山顶，那种成功的快乐是我从来没有感受到的。"他说，自从
zài shāndǐng, nàzhǒng chénggōng de kuàilè shì wǒ cónglái méiyǒu gǎnshòu dào de." Tā shuō, zìcóng

喜欢上户外活动，他的生活开始变得非常丰富，而且特别有
xǐhuanshàng hùwài huódòng, tā de shēnghuó kāishǐ biàn de fēicháng fēngfù, érqiě tèbié yǒu

规律：星期一星期二，他会用下班后的时间在网络上查找下一
guīlǜ: Xīngqīyī xīngqī'èr, tā huì yòng xiàbān hòu de shíjiān zài wǎngluòshang cházhǎo xià yí

次户外活动的地方，星期三在网络上发布计划，星期四和报名
cì hùwài huódòng de dìfang, xīngqīsān zài wǎngluòshang fābù jìhuà, xīngqīsì hé bàomíng

参加的网友们见面，星期五下班后买活动需要的东西，周末两
cānjiā de wǎngyǒumen jiànmiàn, xīngqīwǔ xiàbān hòu mǎi huódòng xūyào de dōngxi, zhōumò liǎng-

天"到大自然中获得一个新的自我"。
tiān "dào dàzìrán zhōng huòdé yí ge xīn de zìwǒ".

检查 jiǎnchá 동 검사하다, 점검하다

行程 xíngchéng 명 노정, 여정

周末 zhōumò 명 주말

网友 wǎngyǒu 명 인터넷 친구, 인터넷 동호인

峰 fēng 명 산봉우리

亲近 qīnjìn 동형 친밀하게 사귀다 ; 가깝다

自然 zìrán 명 자연

自我 zìwǒ 명 자아, 자기 자신

放弃 fàngqì 동 (권리·주장 따위를) 버리다, 포기하다

咬牙 yǎo yá 이를 악물다, (이를 악물고) 참다

坚持 jiānchí 동 (주장 따위를) 견지하다, 끝까지 버티다

顶 dǐng 명 (인체나 물체의) 꼭대기

成功 chénggōng 동형 성공하다 ; 성공적이다

规律 guīlǜ 명 법칙, 규칙

网络 wǎngluò 명 인터넷, 네트워크

发布 fābù 동 발표하다, 선포하다

1 天刚蒙蒙亮，石磊就起床了

'刚'은 '막'이라는 뜻으로, 뒷절에 '就'가 오면, '~하자마자 ~한다'라는 의미가 된다.
앞동작이 완성된 후 뒷동작이 곧바로 이어짐을 나타낸다.

예 他刚喝了一小杯酒，就有了醉意。
그는 술 한 잔을 마시자마자 취기를 느꼈다.

老师刚下课就来找他。
선생님은 수업을 마치자마자 그를 찾아오셨다.

2 自从偶尔参加了一次户外活动，石磊就喜欢上了这项活动

'自从'은 '从(~부터)'과 뜻은 같지만, 단지 과거 시간의 기점만을 나타낸다. 목적어로
는 시간을 표시하는 단어나 구 등이 오며, 반드시 이음절 이상이어야 한다. 일반적으
로 '就'와 호응한다.

예 自从大学毕业，我们就没见过面。
대학을 졸업한 후로 우리는 만난 적이 없다.

他自从离家出走后，就再也没有联系过家人。
그는 집을 뛰쳐나온 후, 한번도 가족과 연락한 적이 없다.

3 当我爬山爬到一半

여기서 '到(~까지)'는 개사로, 시간과 장소를 이끌어 낸다. 그밖에 시간과 장소를 표
시하는 개사로는 '在' '于' '向' '自' 등이 있다.

예 我看书看到晚上十二点钟。
나는 책을 밤 12시까지 보았다.

他们都来自北京。
그들은 모두 베이징에서 왔다.

4 那种成功的快乐是我从来没有感受到的

'从来没有……(过)'는 과거부터 지금까지 이런 상황이 없었음을 나타낸다.

예 他从来没有生过气。
그는 한번도 화를 낸 적이 없다.

这种事情，我从来没有听说过。
이런 일을 나는 한번도 들어본 적이 없다.

1 ▶ 본문을 읽고 다음 물음에 답하시오.

   1 星期六早上，石磊准备去哪儿？

   2 石磊第一次参加户外活动有什么样的感受？

   3 他现在每个星期是怎么安排的？

2 ▶ 본문 내용에 근거하여 다음 빈칸에 들어갈 답을 고르시오.

   1 这次参加"户外活动"，他准备的东西里没有______________。
     A 登山鞋   B 登山包   C 滑雪板

   2 灵山在______________。
     A 北京地区   B 西北地区   C 东北地区

   3 课文里没有提到"户外活动"______________。
     A 亲近自然   B 感受自我   C 保持健康

   4 "户外活动"可以让人______________。
     A 感受什么是累
     B 感受成功的快乐
     C 保持认真的态度

   5 喜欢上了"户外活动"之后，石磊______________。
     A 生活内容变得很丰富
     B 不像过去那么好好工作了
     C 每天上网找朋友

   6 周末对他来说______________。
     A 是很没有意思的买东西的日子
     B 是在大自然中感受自我的两天
     C 是呆在家里好好休息的日子

3 ▸ 다음 밑줄 친 부분과 같은 뜻을 가진 것을 고르시오.

1 星期六的早上，天刚蒙蒙亮，石磊就起床了。
   A 天早就亮了　　　　　B 天还没大亮　　　　　C 天还很黑

2 ……他开始了一天的行程。
   A 出发了　　　　　　　B 准备好了　　　　　　C 回家了

3 这个周末，他要和一些网友去登北京地区的最高峰——灵山。
   A 大学时的同学　　　　B 网上认识的人　　　　C 关系好的同事

4 更重要的是，当我……想要放弃的时候，我咬牙坚持了下来。
   A 虽然牙疼但我一直坚持
   B 不太愿意地干下去
   C 忍住痛苦一直到最后

5 ……星期三在网络上发布计划，星期四和报名的网友们见面……
   A 在网络上了解别人的计划
   B 在网络告诉别人自己的计划
   C 用电脑写自己的计划

4 ▸ 다음 빈칸에 알맞은 단어를 써 넣으시오.

1 ＿＿了一遍已经装好的登山包，穿上登山鞋，他开始了一天的＿＿。

2 自从＿＿参加了一次户外活动，石磊就喜欢上了这项活动。

3 当我爬山爬到一半，累得想要＿＿的时候，我咬牙＿＿了下来。

4 自从喜欢上户外活动，他的生活开始变得非常丰富，而且特别有＿＿。

5 更重要的是，当我要＿＿的时候，我咬牙坚持了下来。

6 星期一星期二，他会用下班后的时间在网络上＿＿下一次户外活动的
   地方，星期三在网络上＿＿计划……。

早饭吃不吃没关系吗？

글자수 : 285 자 / 독해 시간 : 3 분 / 문제풀이 시간 : 8 분

小王是一家公司的职员。从上大学那一天起，他就把早饭
Xiǎowáng shì yì jiā gōngsī de zhíyuán. Cóng shàng dàxué nà yì tiān qǐ, tā jiù bǎ zǎofàn

给"戒"了。原因很简单：早饭吃不吃没关系，而且不吃早饭，
gěi "jiè" le. Yuányīn hěn jiǎndān: Zǎofàn chī bu chī méiguānxi, érqiě bù chī zǎofàn,

既节省了钱，又能保持体形，还能节省出时间早上睡
jì jiéshěng le qián, yòu néng bǎochí tǐxíng, hái néng jiéshěng chū shíjiān zǎoshang shuì

一会儿懒觉。人们常说"不吃早饭有害健康"，这话小王也
yíhuìr lǎnjiào. Rénmen cháng shuō "bù chī zǎofàn yǒu hài jiànkāng", zhè huà Xiǎowáng yě

听说过。但早饭"戒"了快十年了，自己活得好好的，看来早
tīngshuōguo. Dàn zǎofàn "jiè" le kuài shí nián le, zìjǐ huó de hǎohāo de, kànlái zǎo-

饭吃不吃没什么关系。
fàn chī bu chī méi shénme guānxi.

记者就小王的问题询问了一位营养学家。这位专家认为，
Jìzhě jiù Xiǎowáng de wèntí xúnwèn le yí wèi yíngyǎngxuéjiā. Zhè wèi zhuānjiā rènwéi,

中国人的早饭应该来一次革命，我们不仅要吃早饭，而且要吃
Zhōngguórén de zǎofàn yīnggāi lái yí cì gémìng, wǒmen bùjǐn yào chī zǎofàn, érqiě yào chī

好早饭。据调查，有四成的北京人不吃早饭，还有相当多的人
hǎo zǎofàn. Jù diàochá, yǒu sì chéng de Běijīngrén bù chī zǎofàn, háiyǒu xiāngdāng duō de rén

早饭结构不合理。这位营养学家给记者分析了吃早饭的重要
zǎofàn jiégòu bù hélǐ. Zhè wèi yíngyǎngxuéjiā gěi jìzhě fēnxī le chī zǎofàn de zhòngyào-

性，真没想到一顿小小的早饭还有那么多需要注意的地方。总
xìng, zhēn méi xiǎngdào yí dùn xiǎoxiǎo de zǎofàn háiyǒu nàme duō xūyào zhùyì de dìfang. Zǒng-

之，早饭关系到人一生的健康。
zhī, zǎofàn guānxi dào rén yìshēng de jiànkāng.

公司 gōngsī 명 회사

职员 zhíyuán 명 직원

戒 jiè 통 중단하다, 끊다

原因 yuányīn 명 원인

体形 tǐxíng 명 체형

懒觉 lǎnjiào 늦잠

询问 xúnwèn 통 질문하다, 알아보다

有害 yǒu hài 유해하다, 해롭다

革命 gémìng 명 혁명

成 chéng 명 10분의 1

结构 jiégòu 명 구성, 조직

分析 fēnxī 명 통 분석(하다)

总之 zǒngzhī 접 한마디로 말하면, 결국

1 从上大学那一天起，他就把早饭给 "戒" 了

여기서 '给'는 조사로, 술어 앞에 놓여 어기를 강조하는 역할을 한다. 보통 '把'자문이나 '被'자문에 많이 쓰인다.

예 警察把那个小偷给抓住了。
경찰이 그 도둑을 잡았다.

那个杯子叫邻居的孩子给打碎了。
그 컵을 이웃 아이가 깨뜨렸다.

2 但早饭 "戒" 了快十年了，自己活得好好的

'好好'은 형용사 중첩이다. 형용사를 중첩하면, 말을 더 생동감 있게 만든다. 단음절 형용사(A)의 중첩형식은 AA이고, 이음절 형용사(AB)의 중첩형식은 AABB이다. 중첩형 뒤에는 일반적으로 '的'를 붙인다.

예 孩子的脸圆圆的、眼睛大大的，很可爱。
아이의 얼굴이 동그랗고, 눈도 큰 것이 참 귀엽다.

她给女儿穿得漂漂亮亮的。
그녀는 딸에게 옷을 예쁘게 입혀 주었다.

3 有四成的北京人不吃早饭

'成'은 양사로, 10분의 1할, 즉 10%를 나타낸다. 따라서 '四成'은 40%라는 뜻이다.

4 总之，早饭关系到人一生的健康

'总之'는 접속사로, 다음에 나오는 문장이 총괄적인 말임을 나타낸다. 뒤에 휴지를 둘 수 있다.

예 这个手机功能多，那个比较便宜，总之，各有各的好处。
이 핸드폰은 기능이 많고, 저것은 가격이 저렴하다. 결론적으로 각기 다 장점이 있다.

登在哪期报刊上，我想不起来，总之，那个漫画我看过。
언제 신문에 실렸는지 기억은 안나지만, 어쨌거나 나는 그 만화를 본 적이 있다.

邻居 línjū 이웃 ｜ 打碎 dǎsuì (때려)부수다

1 본문을 읽고 다음 물음에 답하시오.

　1　小王为什么"戒"了早饭？

　2　小王为什么不相信"不吃早饭有害健康"这句话？

　3　营养学家对中国人的早饭是怎么看的？

2 본문 내용에 근거하여 다음 빈칸에 들어갈 답을 고르시오.

　1　小王"戒"掉早饭是在＿＿＿＿＿＿。
　　A　到公司上班以后
　　B　上大学的时候
　　C　问了营养学家以后

　2　按照小王的看法，＿＿＿＿＿＿。
　　A　不吃早饭可以保持体形
　　B　不吃早饭对身体不好
　　C　早饭结构不合理

　3　不吃早饭的北京人有＿＿＿＿＿＿。
　　A　40%　　　　　　　　B　4%　　　　　　　C　25 %

　4　早饭对我们来说，关系到＿＿＿＿＿＿。
　　A　能不能省钱　　　　B　一生的健康　　　C　工作态度

3 다음 구나 문장에 대한 해석으로 맞는 것을 고르시오.

　1　把早饭给"戒"了
　　A　吃早饭是不好的习惯
　　B　不再吃早饭了
　　C　告诉自己必须吃早饭

2 节省出时间早上睡一会儿懒觉

　　A　让自己有时间多睡一会儿了

　　B　抽出时间多做一些工作

　　C　许多时候会觉得想睡觉

3 自己活得好好的

　　A　工作很成功　　　　　B　身体很健康　　　　　C　薪水很高

4 中国人的早饭应该来一次革命

　　A　中国人的早饭应该有很大的改变

　　B　中国人的早饭应该走向世界

　　C　中国人应该重视吃早饭

5 早饭结构不合理

　　A　早饭时间不对

　　B　早饭有点吃不饱

　　C　早饭营养不够

6 总之，早饭关系到人一生的健康

　　A　每一顿早饭都要吃得健康

　　B　总的来说，要健康就要重视早饭

　　C　所有的人都要注意自己的健康

4　　본문 내용에 근거하여 다음 빈칸에 알맞은 단어를 써 넣으시오.

　　　一位营养学家认为，中国的早饭应该来一次＿＿1＿＿，我们＿＿2＿＿要吃早饭，而且要吃好早饭。＿＿3＿＿调查，有四成的北京人不吃早饭，还有相当多的人早饭结构不＿＿4＿＿。这位营养学家给记者分析了吃早饭的＿＿5＿＿，真没想到一顿小小的早饭还有那么多需要注意的地方。＿＿6＿＿，早饭关系到人一生的健康。

관련어구 파악하기(1)

길거나 어려워 보이는 중국어 문장은 그 문장 속 관련어구를 먼저 파악하면 쉽게 해석이 가능하다. 특히 복문의 경우 앞절과 뒷절의 의미관계는 이러한 관련어구에 의해 결정된다.

아래에는 자주 쓰이는 관련어구를 나열한다.

+ 병렬복문

又……又……　~하기도 하고 ~하기도 하다

又 / 既……也……　~하기도 하고 ~하기도 하다

一边……，一边……　~하면서 ~하다

有时……，有时……　~할 때도 있고, ~할 때도 있다

+ 대립복문

是……，不是……　~이고, ~가 아니다

不是……，而是……　~가 아니고, ~이다

+ 연속복문

……，然后……　~한 다음 ~이다

先……，最后……　먼저 ~하고, 마지막에 ~한다

一……，就……　~하면, 바로 ~하다

+ 선택복문

或者……，或者……　~하거나 ~하거나 하다

不是……，就是……　~이 아니면 ~이다

宁愿 / 宁可 / 宁肯……，也不 / 决不……
차라리 ~하지, 절대 ~하지 않겠다

与其……，不如 / 宁愿……　~할 바에야 차라리 ~하겠다

12

哑巴与手机（一）

벙어리와 휴대폰(1)

哑巴与手机（二）

벙어리와 휴대폰(2)

哑巴与手机（一）

글자수：383 자 / 독해 시간：5 분 / 문제풀이 시간：15 분

火车到达寿阳站的时候，车厢里挤过来一个满头是汗的男
Huǒchē dàodá Shòuyángzhàn de shíhou, chēxiāngli jǐ guòlái yí ge mǎntóu shì hàn de nán-

人。这个男人咿咿呀呀地指着手中的手机叫着。真奇怪，哑巴
rén. Zhè ge nánrén yīyīyāyā de zhǐzhe shǒuzhōng de shǒujī jiàozhe. Zhēn qíguài, yǎba

还用手机？那时，我正好听完朋友打来的电话，那哑巴咿咿呀
hái yòng shǒujī? Nàshí, wǒ zhènghǎo tīngwán péngyou dǎlái de diànhuà, nà yǎba yīyīyā-

呀地指着我的手机"说"了半天，我也没有听懂他的意思。这
yā de zhǐzhe wǒ de shǒujī "shuō" le bàntiān, wǒ yě méiyǒu tīngdǒng tā de yìsi. Zhè-

时，站在我旁边的一位中年女人说话了。中年女人说，这个哑
shí, zhàn zài wǒ pángbiān de yí wèi zhōngnián nǚrén shuō huà le. Zhōngnián nǚrén shuō, zhè ge yǎ-

巴是想借你的手机电池用一下。听说现在经常有人假装成残
ba shì xiǎng jiè nǐ de shǒujī diànchí yòng yíxià. Tīngshuō xiànzài jīngcháng yǒurén jiǎzhuāng chéng cán-

疾人骗人，我才不会上当呢。但看着他那着急的样子，又不像
jírén piàn rén, wǒ cái búhuì shàng dàng ne. Dàn kànzhe tā nà zháojí de yàngzi, yòu bú xiàng-

是假装的。
shì jiǎzhuāng de.

打个电话不就是几块钱的事嘛，何必换电池？我说那就
Dǎ ge diànhuà bú jiùshì jǐ kuài qián de shì ma, hébì huàn diànchí? Wǒ shuō nà jiù

用我的手机打吧。哑巴摇了摇头。用我的手机打电话，不仅不
yòng wǒ de shǒujī dǎ ba. Yǎba yáo le yáo tóu. Yòng wǒ de shǒujī dǎ diànhuà, bùjǐn bú

用换电池，还节省了他的电话费，他遇到我这样的好人，还不
yòng huàn diànchí, hái jiéshěng le tā de diànhuàfèi, tā yùdào wǒ zhèyàng de hǎorén, hái bù

领情！
lǐng qíng!

换上我的电池，哑巴按了一个电话号码，但没过一会儿就
Huànshàng wǒ de diànchí, yǎba àn le yí ge diànhuà hàomǎ, dàn méi guò yíhuìr jiù

把手机挂断了。他把电池拿下来还给我，感谢地看着我，咿咿
bǎ shǒujī guàduàn le. Tā bǎ diànchí ná xiàlái huángěi wǒ, gǎnxiè de kànzhe wǒ, yīyī-

呀呀地一边"说"一边用手比划了好几分钟，我却一头雾水。
yāyā de yìbiān "shuō" yìbiān yòng shǒu bǐhua le hǎo jǐ fēnzhōng, wǒ què yì tóu wùshuǐ.

中年女人说自己是聋哑学校的老师，她把哑巴刚才的"话"翻
Zhōngnián nǚrén shuō zìjǐ shì lóngyǎ xuéxiào de lǎoshī, tā bǎ yǎba gāngcái de "huà" fān-

译了一遍。
yì le yìbiān.

哑巴 yǎba 몡 벙어리

手机 shǒujī 몡 휴대폰

车厢 chēxiāng 몡 (열차의) 객실이나 수하물칸

奇怪 qíguài 혱 의아해하다, 뜻밖이다

电池 diànchí 몡 건전지, 배터리

假装 jiǎzhuāng 동 가장하다, 짐짓 ~체하다

残疾人 cánjírén 몡 장애인

骗 piàn 동 속이다

上当 shàng dàng 속다, 속임수에 걸리다

领情 lǐng qíng (상대방의 선물·호의를) 감사히 받다, 감사히 여기다

挂 guà 동 전화를 끊다

按 àn 동 (손이나 손가락으로) 누르다

比划 bǐhua 동 손짓하다, 손짓으로 흉내내다

一头雾水 yì tóu wùshuǐ 불분명하다, 영문을 모르다

聋哑 lóngyǎ 농아

❖ 독해 도우미

1 真奇怪，哑巴还用手机？

여기서 '还'는 반어문에 쓰여 반문의 어기를 강화하는 역할을 한다.

> 他长得这么丑，还能找到对象？
> 그가 그렇게 못생겼는데, 짝을 만날 수 있겠어?
>
> 我的胡子都白了，头发还能是黑的？
> 내 수염도 다 하얀데, 머리카락이 검을 수 있겠어?

2 我才不会上当呢

'才'는 부정사 또는 부정적인 의미의 동사 앞에 쓰여 강한 부정을 나타낸다. 문미에 대부분 '呢'를 쓴다.

> 我才不信你的谎话呢!
> 나는 너의 거짓말을 절대 안 믿는다!
>
> 我才懒得去管呢!
> 나는 절대 참견하고 싶지 않다!

3 打个电话不就是几块钱的事嘛

‘嘛’는 부정의 반어문에 쓰여서 긍정의 어기를 강조하는 역할을 한다.

예 你担心什么，他们不是好好的嘛！
뭘 걱정하세요, 그들은 잘 있잖아요!

我不是说过嘛，你怎么这么不听话！
내가 말했잖아, 왜 이렇게 말을 안 듣는 거야!

4 咿咿呀呀地一边 “说” 一边用手比划了好几分钟

‘一边……一边……’은 ‘~하면서 …하다’란 뜻으로, 두 개 혹은 그 이상의 ‘一边’을 연용해 두 개 이상의 동작이 동시에 진행되고 있음을 나타낸다.

예 他总是一边看书、一边听歌。
그는 항상 공부하면서 노래를 듣는다.

老师训练学生一边看画面、一边听解释、一边记要点的能力。
선생님은 학생들이 화면을 보면서 해설을 듣고, 요점을 적는 능력을 훈련시킨다.

丑 chǒu 못생기다　胡子 húzi 수염　谎话 huǎnghuà 거짓말　懒得 lǎnde ～할 마음이 내키지 않다

1   본문을 읽고 다음 물음에 답하시오.

    1   "我"在火车上遇到了什么人？

    2   这个人提出了什么要求？

    3   "我"按他的要求做了吗？

    4   这件事情有什么让"我"不明白的地方？

2   본문 내용에 근거하여 다음 빈칸에 들어갈 답을 고르시오.

    1   那一天火车上＿＿＿＿＿＿＿。
      A 有好几个残疾人   B 人很多，很拥挤   C 没有人带手机

    2   "我"感到很奇怪，＿＿＿＿＿＿＿。
      A 因为哑巴说话了   B 因为哑巴坐火车   C 因为哑巴用手机

    3   聋哑学校的女老师＿＿＿＿＿＿＿。
      A 向我借电池   B 给哑巴当翻译   C 也是个哑巴

    4   哑巴打手机＿＿＿＿＿＿＿。
      A 按完号码很快就挂断了
      B 说了很长时间
      C 他请女老师为他打电话

    5   哑巴很感谢我，但＿＿＿＿＿＿＿。
      A 我觉得这没什么   B 我对他很不满意   C 我不懂他的意思

3   다음 밑줄 친 부분과 같은 뜻을 가진 것을 고르시오.

    1   火车到达寿阳站的时候，车厢里挤过来一个<u>满头是汗</u>的男人。
      A 身体不舒服   B 急得出了汗   C 车厢里太热

2 真奇怪，哑巴还用手机？

    A 他这样的人不能用手机

    B 他这样的人用不起手机

    C 不会说话没法用手机

3 听说现在经常有人装成残疾人骗人，<u>我才不上当呢</u>。

    A 我经常受骗   B 我决不上当   C 我刚才上过当

4 <u>打个电话不就是几块钱的事嘛</u>……

    A 打电话不太贵

    B 打电话要好几块钱

    C 用手机打很容易

5 他遇到我这样的好人，<u>还不领情</u>！

    A 接受了我的好意   B 一点儿都不感谢我   C 却对我不满意

4 ▶ **다음 빈칸에 알맞은 단어를 써 넣으시오.**

1 火车到达寿阳站的时候，从车厢里＿＿＿过来一个满头是汗的男人。

2 此时，我正好＿＿＿完朋友打来的电话……。

3 这时，站在我旁边的一位中年妇女＿＿＿了。

4 听说现在经常有人＿＿＿成残疾人骗人，我才不上当呢。

5 用我的手机打电话，不仅不用换电池，还节省了他的电话费，他遇到我这样的＿＿＿，还不领情！

6 ＿＿＿上我的电池，哑巴飞快地＿＿＿了一串号码，但没过一会儿就把手机＿＿＿断了。

7 中年女人说自己是聋哑学校的老师，她把哑巴刚才的"话"＿＿＿了一遍。

哑巴与手机（二）

글자수：300 자 / 독해 시간：3 분 / 문제풀이 시간：8 분

原来，他的爱人也是个哑巴，他这次出门是去太原参加弟
Yuánlái, tā de àiren yě shì ge yǎba, tā zhè cì chū mén shì qù Tàiyuán cānjiā dì-

弟的婚礼。为了保持联系，他们在家里安装了可以显示电话号
di de hūnlǐ. Wèile bǎochí liánxì, tāmen zài jiāli ānzhuāng le kěyǐ xiǎnshì diànhuà hào-

码的电话机。当丈夫出门的时候，妻子每过几个小时就给丈夫
mǎ de diànhuàjī. Dāng zhàngfu chū mén de shíhou, qīzi měi guò jǐ ge xiǎoshí jiù gěi zhàngfu

打个电话。丈夫感觉到手机振动，不接听，只是看着号码笑。
dǎ ge diànhuà. Zhàngfu gǎnjué dào shǒujī zhèndòng, bù jiētīng, zhǐshì kànzhe hàomǎ xiào.

那边妻子放下电话后，他再给妻子打回去。妻子也不接听，只
Nàbiān qīzi fàngxià diànhuà hòu, tā zài gěi qīzi dǎ huíqù. Qīzi yě bù jiētīng, zhǐ-

是看着电话机上那熟悉的号码，为丈夫祝福。他们就用这种特
shì kànzhe diànhuàjīshang nà shúxī de hàomǎ, wèi zhàngfu zhùfú. Tāmen jiù yòng zhèzhǒng tè-

殊的方式，一路上互相报着平安。
shū de fāngshì, yílùshang hùxiāng bàozhe píng'ān.

　　刚才，丈夫接到妻子打来的电话后，他的手机正好用完了
Gāngcái, zhàngfu jiēdào qīzi dǎlái de diànhuà hòu, tā de shǒujī zhènghǎo yòngwán le

电，不能给妻子打回去了。妻子打完电话后，收不到丈夫的回
diàn, bù néng gěi qīzi dǎ huíqù le. Qīzi dǎwán diànhuà hòu, shōu bu dào zhàngfu de huí-

音，一定会很着急的。因为他和妻子"说"好了，只要平平安
yīn, yídìng huì hěn zháojí de. Yīnwèi tā hé qīzi "shuō" hǎo le, zhǐyào píngpíng'ān-

安，他就会马上"回电话"的。我这时才知道了哑巴向我借电
ān, tā jiù huì mǎshàng "huí diànhuà" de. Wǒ zhèshí cái zhīdào le yǎba xiàng wǒ jiè diàn-

池，并坚持要用自己的手机回电话的原因。
chí, bìng jiānchí yào yòng zìjǐ de shǒujī huí diànhuà de yuányīn.

새로 나온 단어

出门 chū mén 외출하다, 집을 떠나 멀리 가다

婚礼 hūnlǐ 몡 결혼식, 혼례

安装 ānzhuāng 동 설치하다, 장치하다

显示 xiǎnshì 동 현시하다, 뚜렷하게 나타내 보이다

振动 zhèndòng 동 진동하다

接听 jiētīng 동 (전화를) 받다

熟悉 shúxī 혱 충분히 알다, 상세히 알다

祝福 zhùfú 동 축복하다

特殊 tèshū 혱 특수하다, 특별하다

报 bào 동 알리다, 전하다, 보고하다

平安 píng'ān 혱 평안하다, 무사하다

回音 huíyīn 몡 답신, 답장, 회답

1　妻子每过几个小时就给丈夫打个电话

'每'는 '매번'이라는 뜻으로, 동사(구)와 결합하여 부사어로 쓰이며, 뒤에는 주로 '就' '都' '总' 등이 와서 호응한다.

> 예　每到暑假，我都会去奶奶家。
> 매번 여름방학 때마다 나는 꼭 할머니 댁에 간다.
>
> 每回一趟老家，他总要去看看小时候的同学。
> 고향에 갈 때마다 그는 항상 어린 시절의 친구들을 만난다.

2　丈夫接到妻子打来的电话后，他的手机正好用完了电

'正好'는 '때마침'이란 뜻으로, 사물이나 사건의 발생이 완전히 우연하게 필요에 부합하거나 부합하지 않음을 나타낸다.

> 예　那天下午正好没课，回来后我不吃不喝整整睡了一天。
> 그날 마침 오후에 수업이 없어서, 돌아와서 아무것도 먹지 않고 하루 내내 잠을 잤다.
>
> 我正好没什么事，就来了。
> 나는 마침 별일이 없어서 그냥 왔다.

3　只要平平安安，他就会马上"回电话"的

'马上'은 '즉시' '곧'이라는 뜻으로, 시간이 짧음을 나타낸다.

> 예　末班车马上要出发了，快上车吧!
> 막차가 곧 출발하니, 빨리 타세요!

4　我这时才知道了哑巴向我借电池，并坚持要用自己的手机回电话的原因

이 문장의 목적어는 '哑巴……的原因'이고, '哑巴……回电话'까지는 '原因'을 수식하는 말이다. 문장성분을 잘 파악하면 해석하기 쉽다.

1 본문을 읽고 다음 물음에 답하시오.

   1 哑巴出门去干什么?

   2 他和在家的妻子怎么联系?

   3 哑巴为什么要向 "我" 借电池?

2 본문 내용에 근거하여 다음 빈칸에 들어갈 답을 고르시오.

   1 哑巴坐火车要去______________。
     A 寿阳　　　　　　　　　B 太原　　　　　　　　　C 北京

   2 他家的电话机______________。
     A 不能接听电话
     B 可以翻译聋哑人的话
     C 可以显示打来的电话的号码

   3 他妻子______________。
     A 不是残疾人
     B 也不会说话
     C 会翻译手语

   4 哑巴打手机是为了______________。
     A 让妻子知道自己很平安
     B 想起什么事要通知妻子
     C 告诉妻子火车上太挤

   5 哑巴坚持要______________。
     A 买我的电池
     B 用自己的手机回电
     C 我帮他打手机

3　다음 구나 문장에 대한 해석으로 맞는 것을 고르시오.

1　原来，他的爱人也是个哑巴
　　A　他妻子曾经是一个哑巴
　　B　他妻子本来就是一个哑巴
　　C　我现在才知道他妻子也是哑巴

2　妻子每隔几个小时就给丈夫打个电话
　　A　妻子打一个电话就是几个小时
　　B　妻子一天里要打好几次电话
　　C　妻子要丈夫常打电话

3　一路报着平安
　　A　在路上一直问家人的情况
　　B　去的路上一直打电话报告平安
　　C　在路上和乘客们友好相处

4　收不到丈夫的回音
　　A　丈夫没有回电　　　　B　丈夫没有回家　　　　C　丈夫手机坏了

5　他和妻子"说"好了
　　A　两个人关系好了　　　B　夫妻都很健康　　　　C　两个人都同意

4　본문 내용에 근거하여 다음 빈칸에 알맞은 단어를 써 넣으시오.

　　__1__，他的爱人也是个哑巴，他这次出门是去太原__2__弟弟的婚礼。为了保持__3__，他们在家里安装了可以__4__电话号码的电话机。__5__丈夫出门的时候，妻子每__6__几个小时就给丈夫打个电话。丈夫感觉到手机振动，不__7__，只是看着号码笑。那边妻子放下电话后，他再给妻子打回去。妻子也不接听，只是看着电话机上那__8__的号码，为丈夫__9__。他们就用这种__10__的方式，一路上__11__报着平安。

관련어구 파악하기(2)

＋ 점층복문

　不但 / 不仅……，而且 / 并且 / 还　～할 뿐 아니라 ～하다

　……，何况（再说）……　～한데, 하물며～

＋ 조건복문

　只要……，就　～하기만 하면 ～하다

　只有……，才　～해야만 ～하다

　无论 / 不论 / 任凭……，都 / 也 / 还是……

　～에도 불구하고 ～하다

＋ 인과복문

　因为……，所以……　～때문에 ～하다

　由于……，因此……　～때문에 ～하다

　既然……，那么 / 就……　기왕 ～한 이상 ～하다

＋ 목적복문

　为了 / 为着……，……　～하기 위해서 ～하다

　……，以 / 以便……　～하기 위해서 ～하다

＋ 역접복문

　……，但是 / 可是 / 然而 / 却　～했지만, 그러나～

　虽然……，但 / 而　비록 ～이기는 하지만, 그러나～

　即使 / 就是 / 哪怕……，也 / 都 / 还是……

　설령 ～하더라도 ～이다

부록

본문해석

연습문제 정답

찾아보기

01

젊은이들의 명절이 많다

요즘 중국 젊은이들이 챙기는 기념일들은 점점 더 많아지고 있다. 중국의 전통 명절 외에도 서양의 많은 명절들이 더해졌다. 일부 젊은이들은 서양 명절 보내는 것을 더 좋아한다. 이것은 중국 전통 명절이 보통 음식과 관계가 있기 때문으로, 예를 들어 설날에는 쟈오즈, 단오절에는 쫑즈, 추석에는 위에빙이 그렇다. 최근 사람들의 생활 수준이 향상되면서 이런 음식들은 꼭 명절이 되어야 먹을 수 있는 것이 아니라 평소에도 자주 먹을 수 있게 되었다. 그래서 이런 명절들이 젊은이들에게 흡인력이 다소 없어진 것은 당연하다. 젊은이들은 놀기를 좋아하는데, 서양의 일부 기념일이 바로 그들의 욕구를 만족시켜 주고 있다. '크리스마스'를 예로 들면, 크리스마스 이브에는 크리스마스 파티와 크리스마스 트리, 산타 할아버지가 있고, 매우 북적거리고 재미있으며 사람들은 밤새 내내 즐길 수 있다. 그밖에 2월의 '발렌타인 데이', 11월의 '만성절' 또한 젊은이들이 자신의 행복한 생활을 더욱 풍요롭게 만드는 것들이다.

바(bar)에 가자

바쁜 하루 일과를 끝내고 당신은 마음속의 불쾌함이나 집안일은 한쪽에 제쳐두고, 아내를 데리고, 혹은 친구 몇 명을 불러, 젊은 회사원들이 자주 모이는 곳에 갈 수 있을까? 한번 시도해 보자. 어쩌면 이것이 당신의 생활을 바꾸어 줄 수도 있다. 그곳은 바로 바(bar)이다.

몇 년 전만해도 '바'라는 이 단어에 대해 많은 사람들이 좋지 않게 여겼고, 바가 생겨나는 것에 대해 반감을 가지는 사람도 많았다. 이것도 나무랄 수 없는 것이, 외국에서 배워온 이런 것들은 막 생겨났을 때, 전통적인 중국인들에 의해 못된 술주정이나 난잡한 교제와 같이 '불건전'한 것으로 치부되었었다. 그러나 경제가 발전함에 따라 중국인, 특히 젊은이들의 정신세계가 점점 풍부해지고, 각종 외래 문화를 받아들이는 능력이 나날이 강해져 가고 있다. 조금씩 거리의 바들도 늘어가고 있다. 어쩌면 언젠간 당신도 당신의 눈살을 찌푸리게 했던 길거리의 그 바로 걸어 들어갈 날이 올 것이다.

일기 예보

　오늘은 아침 일찍부터 하늘에 구름이 잔뜩 끼어, 햇살은 거의 볼 수 없고 기온도 비교적 낮습니다. 오늘 밤부터 본 시에 눈이 내리기 시작해 내일 낮까지 계속 내릴 것으로 예측됩니다. 비교적 강한 한기가 몰려오면서 하늘은 점차 개이겠고, 편북풍이 불겠습니다. 풍속은 4~5급(5.5~10.7㎧)에 달할 것으로 보입니다. 기온은 급격히 내려가지는 않겠지만, 체감온도는 매우 낮겠으니, 외출하시는 분들은 옷을 두껍게 입고 나가시기 바랍니다. 밤에는 바람이 3~4급(3.4~7.9㎧)으로 잦아들겠습니다. 일요일은 날씨가 맑고, 햇살이 따스하겠습니다. 그러나 기온은 매우 낮겠습니다. 토요일과 일요일의 최고 기온은 0~1℃, 최저 기온은 영하 6~8℃가 될 것으로 예측됩니다.

　이번 눈은 교통에 악영향을 끼치겠습니다. 눈이 내리는 날에는 길이 미끄러우니 운전자들은 속도를 낮춰 서행하시기 바라며, 행인들도 안전에 주의하시기 바랍니다. 내일과 모레 이틀의 날씨는 등산이나 조깅 등 야외 활동에 적합하지 않으며 세차하기에도 좋지 않습니다. 세차를 하시려는 분들은 눈이 그치고 나서 세차하시는 것이 좋겠습니다.

황금 연휴의 관광객 수

　어제(5월 5일)부터 베이징 각 주요 관광지의 관광객 수가 눈에 띄게 감소하기 시작했습니다. 어제 베이징시의 하루 관광객 수는 연인원 약 64만 명까지 줄어들어, 이번 노동절 ‘황금 연휴’의 절정이었던 5월 3일의 100만 명에 비해 확연히 줄어들었습니다.

　베이징의 주요 관광지 중, 어제 빠다링 만리장성, 고궁, 세계공원, 이허위엔을 찾은 관광객 수는 각각 4만1천 명, 3만9천1백 명, 2만6백 명, 6만 명으로, 모두 5월 4일의 관광객 수보다 적었습니다. 그 중 빠다링 풍치구의 관광객 수가 작년 동기 대비 10% 정도 증가한 것을 제외하고는 고궁, 세계공원, 이허위엔 모두 관광객 수가 작년 동기보다 약 10% 감소했습니다.

　전문가는 예전 ‘황금 연휴’의 모습으로 봤을 때 5월 2일이 관광객 수가 절정이었어야 하는데, 이 날 베이징에 비가 내렸기 때문에 5월 3일 관광객이 가장 많아진 것이라고 지적했습니다. 5월 4일이 지나자 관광객 수는 확연히 감소했습니다.

설날 가족 모임 '246'에서 '421'로 바뀌다

올 설, 베이징 사람들의 가족 모임 형태는 '246'에서 '421'로 바뀌었다. 과거에는 아내가 남편 부모님 집에서 설을 쇠었지만, 지금은 양쪽 부모님들을 자신네 집으로 모셔 와 한자리에 모인다. 왕 여사네 집 일곱 식구는 모두 이렇게 설을 쇠었다. 이들은 양쪽 부모님들을 자신네 집으로 모셔 와 설날 식사를 함께 하고, 설날 먹을 만두를 빚었다. 올해 많은 젊은 부부들이 왕 여사와 마찬가지로 양쪽 부모들과 함께 설을 쇠었다. 그들은 외동자녀가 점점 많아지면서 명절에 가족들이 모이는 형식도 변화되었다고 말했다.

예전에 가장 보편적인 가족 모임의 광경은 '246'식이었다. 두 노부부, 아들, 며느리, 딸, 사위, 5~6명의 손자 손녀가 한 식탁에 둘러 앉아 식사를 했다. 그러나 최근 2년, 설 전날 음식점이나 설날 당일 사원 장터에서는 젊은 부부 한 쌍이 노부부 두 쌍을 부축하고 어린아이 하나를 데리고 있는 것을 어렵지 않게 볼 수 있는데, 바로 가족 모임 형태가 '421'로 변한 것이다.

왕 여사는 기자에게 "나와 남편은 외동자녀 1세대이다. 옛날에는 명절 모임에 대부분 여자 쪽이 남자 부모네 집에 가서 설을 쇠었다. 그때는 가정마다 자녀가 많았기 때문에 딸이 곁에 없더라도 허전해 보이지 않았다. 지금은 양쪽 부모들 모두가 명절 동안 가족이 주는 기쁨을 누릴 수 있도록 양쪽 부모들과 함께 설을 쇤다"고 말했다.

아내를 따라 처가에서 설을 쇠다

예전에는 부부가 남편 부모 집에서 설을 쇠는 것이 불문율이었지만, 지금은 많은 남편들이 설을 아내와 함께 처가에서 보내기 시작했다. 올해 29세인 리 선생은 작년에 막 결혼했는데, 아내의 집에는 두 노부부만 있기 때문에 아내가 설을 쇠기 전에 "섣달 그믐은 친정에서 보내고, 추석에 시댁에 가자"고 제안했다. 리 선생은 형이 집에 가서 설을 쇨 거라 여기고, 또 '한 집은 즐겁고 한 집은 근심하게' 할 수는 없다고 생각해 아내의 요구에 동의하고, 부모님을 설득했다. 쑨 여사는 이미 두 번이나 남편과 함께 친정에서 설을 쇠었다. 그녀는 지금은 모두 외동자녀라서, 만약 전통대로라면 매년 섣달 그믐을 여자쪽 부모는 자신들끼리만 보내야 하는데 "누구는 자식들을 보고 싶지 않고, 누구는 가족끼리 한자리에 모이고 싶지 않겠냐?"고 말했다. 결혼한 지 2년 된 쉬 선생은 다른 방식을 채택했다. 설을 쇨 때 두 집 밥을 먹는 것이다. 부부 둘이 우선 한쪽 집에 가서 밥을 반 끼 먹고, 그런 후 다른쪽 집에 가서 나머지 반을 먹는다. 이렇게 하면 양쪽 부모 모두 만족시킬 수 있다.

참견하는 부모와 말 안 듣는 자녀

"아빠 엄마는 내가 집에 늦게 들어가지 못하게 해요. 한 동네에 사는 친구 집이라도 오래 있지 못하게 해요. 이렇게 가까운데, 뭐가 위험하다고! 수업이 끝나고 집에 가자마자 아빠 엄마는 숙제하라고 잔소리하고, 잠깐도 쉬지 못하게 해요. 숙제하는 일은 나도 잘 알고 있는데. 아빠 엄마가 잔소리하지 않아도……." 자녀들은 부모가 참견을 너무 많이 하며, 자신들을 이해하지 못한다고 느낀다.

"상점에 가서 딸의 옷을 한 벌 사서 집에 두었지만, 두 달이 넘도록 딸은 옷을 입지 않고 되려 내게 묻더군요. '엄마가 하기 싫은 일을 다른 사람이 하라고 하면 엄만 좋겠어요?' 그렇지만 딸이 직접 고른 옷은 나도 정말 마음에 안들어서……." 부모들은 자식들을 통제하기 힘들다고 말한다.

오늘 저녁 베이징 텔레비전에서 방영한 「심리시간」에서는 부모와 자녀가 서로 얼굴을 맞대고 자신들의 속마음을 털어놓는다. 전문가는 부모 자식이 서로 대화하고 이해해야 한다고 충고한다. 부모는 자녀의 생각에 동의하지 않을 수는 있지만, 그들에게 말할 수 있는 기회는 주어야 한다. 그들이 어떤 일을 하도록 억지로 강요하지 말고, 다른 사람을 이해하는 법을 아는 것이야말로 성숙했다는 가장 중요한 징표라는 것을 알려 주어야 한다.

예쁜 아동 도서

양력 설이 다가오자 많은 부모들은 예쁜 선물용 책세트를 구입해서 자녀에게 선물하려 한다. 그러나 지금의 아동용 도서물이 보통 한 권에 몇십 위엔에서 1백여 위엔, 또 한 세트에 몇백 위엔이나 하는 것을 보고는 책들이 너무 비싸다는 것을 절감할 수밖에 없다.

기자는 아동서점에서 책을 읽고 있는 한 남자 아이를 취재했다. 아이는 기자에게 자기 혼자 하루 종일 책을 보았는데, 점심은 근처에서 간단히 먹을 것을 사 먹고 엄마가 오후 5시에 데리러 오기로 했다고 말했다. 아이는 손 안에 있는 책을 가리키며 "이 책은 모두 여덟 권으로 되어 있는데, 내용이 풍부하고 재미있어요. 그렇지만 엄마는 너무 비싸다고 하세요. 한 권에 40위엔이나 하는데, 한 권이면 어떻게 사서 보겠지만, 여덟 권은 비싸서 어떻게 사서 보겠어요? 그래서 자주 이곳을 찾아와 보고 있어요" 하고 말했다.

서점 직원은 기자에게 아이들이 보는 책은 많은 출판사들이 예쁜 색깔과 멋진 표지, 그리고 재미있는 삽화를 써서 아이들을 끌어들이려 하기 때문에, 이런 책의 가격은 저렴할 수 없고, 많은 가정에서는 책을 살 여력이 안 되는 것이라고 말했다. 그래서 많은 부모들은 출판사에서 내용이 좋으면서도 가격이 저렴한 아동용 도서를 많이 만들어 주길 바라고 있다고 했다.

혼자 설을 보내다

1년이 또 이렇게 지나갔다. 봄에 나는 사랑을 잃었다. 여름에 나는 직업을 바꾸었다. 가을에 나는 한 장례식에 참석했다. 친한 친구의 장례식에. 겨울에 나는 나를 위해 집을 한 채 샀고, 첫 번째 돈을 납부한 후 내 통장은 텅 비어 버렸다. 새해도 곧 온다. 나는 설을 혼자 보내기로 결심했다. 어머니께 전화를 걸어 일이 바빠서 집에 갈 수 없다고 말했다. 집이 그리 멀지 않아 예전 휴가때 자주 가곤 했기 때문에, 어머니도 별말씀 없으셨다. 어머니가 어떻게 아시겠는가, 내가 두려워서 집에 가지 않는다는 사실을. 나는 다른 사람이 묻는 것이 두렵다. 우리집은 친척이 많기 때문에 설을 쇨 때면 친척들이 모두 한자리에 모이는데, 항상 이것저것 묻지 않는 것이 없다. 월급은 얼마나 되는지, 여자친구는 생겼는지, 뭘 하는 직업인지……. 나는 별로 할 말이 없기 때문에 다른 사람이 묻는 것이 두렵다. 나는 돈 써야하는 게 두렵다. 나는 돈이 없다. 우리집은 친척이 많아 아이들도 많은데, 설때면 아이들에게 세뱃돈을 주어야 한다. 나는 대도시에서 일하기 때문에 항상 가장 많이 주어야지, 적어서는 안 된다. 한 아이당 50위엔, 새로 태어난 아이는 100위엔은 주어야 한다. 우리집 어른들께도 선물을 사서 찾아 뵈어야 하는데, 우리 부모님을 빼고도 여섯 분이나 계신다.

나의 바람

나는 낭만적인 사람은 아닙니다. 그렇지만 나는 내 생일, 결혼기념일, 그리고 그밖의 특별한 날에 당신이 주는 선물을 받고 싶습니다. 그것이 그저 꽃 한 다발이나 초콜렛 한 상자라 할지라도. 나는 그리 까다로운 사람은 아닙니다. 그렇지만 나는 당신이 어떤 일을 결정하기 전에 그것이 단지 당신 자신만의 일이라 할지라도 내 의견을 물어 봐 주길 바랍니다. 나는 말이 많은 사람이 아닙니다. 그렇지만 나는 당신이 시간을 내어 내 마음속의 기쁨, 나의 고민을 들어주길 바랍니다. 그것이 그저 하찮은 일에 대한 느낌이라 할지라도. 나는 걱정을 많이 하는 사람이 아닙니다. 그렇지만 당신의 얼굴에 불쾌함이 서려 있을 때면 나는 당신의 해명을 듣길 원합니다. 그것이 간단한 몇 마디 말일지라도. 물론 나는 당신이 내게 마음속에 담긴 모든 말을 해주길 더욱 바라지만.

베이징의 교통 문제

베이징의 자동차는 100만 대에서 200만 대로 증가하는데 겨우 6년반의 시간이 걸렸다. 몇 년 전 한 전문가는 만약 자동차 수가 200만 대에 다다르면 베이징의 교통은 버텨 낼 수 없다고 예측했었다. 현재 베이징의 자동차 수는 정말 200만 대를 돌파하였고, 러시아워에는 도시 속 모든 거리에 차가 막힌다. 차를 운전하는 많은 시민들은 어쩔 수 없이 아침 일찍 출근하고 저녁 늦게 돌아오는 방법을 택해 교통이 혼잡한 시간을 피해다닐 수밖에는 없다. 그러나 설령 아침 6시에 집을 나서더라도 마찬가지로 차가 막히는 길에 들어서게 된다. 지금 베이징시의 아침 교통 혼잡시간은 이미 7시부터 시작되어 9시가 되서야 끝이 난다. 저녁의 교통 혼잡시간은 5시부터 7시반 사이로, 예전보다 저녁 혼잡시간이 더욱 길어졌다. 차를 구입한 시민은 차를 몰고 싶어 하지 않는다. 집에서 얼마 떨어지지 않은 곳에 막혀 있으면서 집에는 갈 수가 없으니 괴롭기 그지없다. 차를 사지 않은 사람은 차가 막힐 것을 알지만, 자동차가 가져다 주는 편리함과 편안함을 생각하며 언젠가 '자가 운전자'가 될 수 있으리라 생각한다. 이렇게 해서 차가 많아질수록 차는 점점 더 막히고, 차가 막힐수록 차는 더욱 많아지는 것이다.

어느 길로 갈까?

택시 안에 앉아 있는데 택시기사가 내게 물었다. "선생님, 가장 가까운 길로 갈까요, 아니면 가장 빠른 길로 갈까요?" 나는 호기심 있게 그에게 물었다. "가장 가까운 길이 가장 빠른 거 아닌가요?" "당연히 아니죠. 지금은 막히는 시간이라, 가장 가까운 길은 보통 차가 막히니 가는 시간이 길어집니다. 선생님께서 급한 일이 있으시면 길을 돌아서 가야 합니다. 길은 좀 더 멀지만 더 빨리 도착하실 수 있을 겁니다." 나는 급한 일이 있었기 때문에 물론 가장 빠른 길을 선택할 수밖에 없었다. 사실, 내가 급한 일이 없었다 하더라도 택시 안에서 오랫동안 앉아 있고 싶지는 않았다. 가장 가까운 길을 갈 것인가, 아니면 가장 빠른 길을 갈 것인가? 사람이 택시 안에 앉아 있을 때만 이런 상황에 맞닥뜨리는 것은 아니다. 사람의 일생 중에도 자주 이러한 선택에 놓이게 된다. 이런 선택은 어떤 때는 사람을 곤혹스럽게 한다. 하지만 성공하고 싶은 사람이라면 분명 가장 빠른 길을 선택할 것이다. 자신이 더 많이 고생스럽고, 길을 더 많이 가야 하더라도 말이다. 왜냐하면 한 사람의 일생은 유한하고, 기회 또한 한정되어 있기 때문에 가장 빠른 길을 선택할 수밖에는 없는 것이다.

많은 사람들은 일생에서 가장 가까운 길을 가기 때문에, 그 결과 종종 막다른 길에 부딪혀 시간을 낭비하고 만다. 인생은 먼 길로 갈 필요가 있다. 인생에서 먼 길로 가는 것을 두려워하지 말아야 한다. 하지만 전제 조건이 따른다. "먼 길로 가는 것은 가장 빠른 길로 가기 위한 것이다."

우위엔

　우위엔현은 쟝시 동북부의 큰 산 속에 위치해 있으며, 송대의 유명한 철학자이자 교육자인 주시의 고향이다. 여행을 좋아하는 사람들은 교통이 불편한 곳이라야 경치가 좋다고들 말한다. 우위엔도 예외는 아니다. 그곳에 가는 것은 결코 쉽지 않다. 상라오에서 출발하든, 징더전에서 출발하든, 아니면 안후이의 황산에서 출발하든, 우위엔에 도착하려면 반드시 여러 개의 큰 산을 넘어야 한다. 큰 산이 우위엔과 외부 세계를 갈라놓아서 이곳의 오랜 문화와 아름다운 풍경이 지금까지도 보존되어 온 것이다. 우위엔은 현존하는 중국 명·청대 고전 건축물을 가장 많이, 가장 완벽하게 보존하고 있는 현 중 하나이다. 그밖에 우위엔 이곳은 예부터 독서를 중시했기 때문에 사람들은 이곳을 '책의 고장'이라고 부른다. 이곳에서는 문화의 기운이 고전 건축물에만 담겨 있는 것이 아니라, 마치 이곳의 아침에 피는 안개처럼 구석구석 여기저기에 스며들어 있다.

내가 왜 도시를 사랑하나?

장선생 : 도시는 편하잖아요. 만약 무슨 일이 있어 다른 도시에 가야 하더라도 비행기표 한 장만 있으면 금세 갈 수 있고요. 만약 조용한 곳을 찾아서 구경하고 싶다면, 차만 몇 번 갈아타면 되고요. 하지만 농촌에 살면 외부와 연락을 하고 싶어도 꼭 도시를 통해야 해요. 게다가 도시는 생활리듬이 빨라서 우리같은 젊은이들에게 딱 맞아요.

리　양 : 나도 물론 도시를 매우 사랑합니다. 어려서부터 도시에서 자랐으니 익숙하죠. 높은 빌딩이 뭐가 안 좋다는 겁니까? 모든 중국의 사람들이 대도시로 몰려드는데, 이것이 바로 대도시의 흡인력인거죠. 내가 며칠 전 신문에서 보았는데, 일부 티베트 사람들은 자신들이 사는 그곳을 도시 사람들이 지상낙원인 양 대하는 것에 반감을 가지고 있다고 하더군요. 그들은 "당신네 도시인들이 그곳을 좋아한다면 우리와 바꾸자. 우리도 밖에 나갈 때 차가 있으면 좋겠다. 얼마나 편리하겠느냐? 당신들은 그저 어쩌다가 한 번 놀러 오는 것이지만, 우리는 평생을 이곳에서 지내야 한다"고 말합니다.

자오양 : 나는 도시를 좋아합니다. 농촌의 개들은 무섭기 때문입니다. 아주 어려서 외할머니 댁에 가는데 몇십 리 진흙길을 걸어서 갔어요. 막 마을에 도착하자마자 갑자기 개 한 마리가 어느 대문에서 튀어나와 나를 향해 짖어대는데, 소리는 크고, 그 모습이 너무 무서웠어요. 그때 정말 놀라, 다시는 농촌에 가고 싶지 않게 됐어요.

어떻게 해야 건강할 수 있을까?

어떻게 해야 건강할 수 있을까? 어떤 사람은 병이 없는 것이 바로 건강이라고 잘못 알고 있다. 사실 건강이란 생리적, 심리적, 사회적 3개 방면을 포함하고 있다. 건강은 하나의 과정이므로, 사람들은 계속 삶의 질을 높여야 하고, 평상시 의식주와 교통, 즉 생활의 기본 요소에 있어 건강에 신경을 써야 한다. 어떤 이는 병원 규모가 클수록, 시설이 좋을수록, 약값이 비쌀수록, 의사가 유명할수록 좋다고 잘못 생각하고 있다. 그 결과, 큰 병원에는 사람들이 미어터지는데, 중소형 병원에는 찾는 이들이 없다. 사실 다른 제품과 마찬가지로 자신에게 맞는 것이 가장 좋은 것이다. 또 많은 사람들은 병이 생겼을 때나 돈을 써야 한다고 생각해, 평소에는 건강에 돈을 쓰려 하지 않는다. 사실 건강을 위해 먼저 돈을 쓰는 것이야말로 현명한 선택이다. 의료기관들도 생각을 바꾸어야 한다. 환자들을 위해서만 서비스하는 것이 아니라 모든 사람들에게 더욱 많은 건강제품을 제공해야 한다. 환자들은 건강의 책임을 모두 의사에게 맡기면서, 정작 자신은 건강하지 못한 생활방식과 행동을 바꾸려 하지 않는다. 심뇌혈관 환자가 움직이지 않고, 음식을 조절하지 않고, 담배를 피운다면, 아무리 좋은 의사와 약물이라도 고칠 방법이 없다.

매일 8잔의 물을 마셔야 하나?

만약 누군가에게 "매일 얼마의 물을 마셔야 하나요?"하고 묻는다면 많은 사람들은 "8잔이오"하고 대답할 것이다. 이것은 많은 사람들이 매일 8잔의 물을 마시는 것은 신체의 수분 균형을 유지하는 가장 좋은 선택이라고 익히 들어 알고 있기 때문이다. 그러나 현재까지 어떤 과학적 연구도 이 주장을 명확하게 제시한 적이 없다. 이 문제에 대해 물으면, 영양학자이건 아니면 의료기관이건 모두 이런 주장이 어디서 나온 것인지 말하지 못한다. 보아하니 매일 8잔의 물을 마셔야 한다는 말은 모두가 알고 있고, 모두가 이렇듯 믿고 있지만, 완전히 사람들에 의해 반복되다 보니 그렇게 된 것이다. 물론 당신이 건강하다면 그렇게 물을 마시더라도 절대 나쁘지 않다. 물은 소화를 돕고 체내의 쓰레기를 밖으로 배출하는 데 도움을 준다. 물을 많이 마셨더라도 걱정하지 않아도 되는 것이, 필요 외의 수분은 몸 밖으로 배출되기 때문이다. 영양학자는 다른 음료 대신 물로 체내에 필요한 열량을 보충하는 것은 신체 건강에 도움이 된다고 말한다. 그러나 꼭 8잔을 마셔야 하는 걸까? 우리가 정말 몸에 물병 하나씩을 지니고 다녀야 할까? 확연하게도 우리는 그렇게 해야 할 필요가 없다.

타이산, 지난, 취푸 자유여행

여행사가 제공하는 일정에 따르면 다음주 금요일 오전에 관광버스를 타고 베이징을 출발해 지난으로 간다. 점심을 먹은 후 지난의 빠오투취엔, 따밍후 등의 명승지를 구경한다. 둘째 날 아침을 먹고 타이산에 가서 타이산을 오른다. (점심은 각자 해결) 그 다음 호텔에 돌아와 저녁을 먹고 휴식을 취한다. 셋째 날 아침에는 취푸에 가서 공자 생가, 공자묘, 공자 묘터를 구경하고, 점심을 먹은 후 차를 타고 베이징으로 돌아온다. 이러한 3일 여행에 여행사가 내놓은 가격은 1인당 700위엔. 이틀밤 묵는 곳은 3성급 호텔의 2인실이다. 가격은 부담스럽지 않지만 이렇게 여행하는 것은 너무 분주하다고 생각된다. 예를 들어, 타이산과 같이 역사 문화적으로 유명한 산은 볼거리가 많기 때문에 유람하는 데 더욱 시간을 들여야 한다. 게다가 지금은 여행 성수기도 아니기 때문에 왔다갔다 하는 기차표도 어렵지 않게 살 수 있다. 또 3성급 호텔에 묵을 필요 없이 일반 호텔에 묵으면 된다. 그래서 우리는 직접 가기로 계획했다. 이렇게 해서 타이산, 지난, 취푸 5일 여행을 떠나면, 틀림없이 더욱 신나게 즐길 수 있고, 여비도 대략 700위엔 정도면 되는데, 왜 이런 걸 마다하겠는가?

자유여행은 어떻게 해야 실속 있을까?

당신은 가족이나 친구와 함께 여행을 준비할 때, 어떻게 하면 합리적으로 돈을 쓸 수 있을지, 어떻게 하면 가장 절약하면서도 더욱 재미있게 여행할 수 있을지에 대해 생각해 본 적이 있는가? 자유여행에서는 교통비와 숙박비의 지출이 가장 많다. 그래서 이 두 항목의 비용을 어떻게 하면 줄일 수 있는가를 제일 먼저 생각하게 된다.

우선, 기차를 타는 것과 비행기를 타는 것 중 어느 쪽이 더 실속 있을까? 시간이 많은 여행자라면 기차 여행을 선택하면 되는데, 비행기를 타는 것보다 실속 있다. 예를 들어, 충칭에서 베이징까지 일반 침대칸의 왕복 티켓은 800위엔 정도이지만, 비행기 왕복은 2800위엔 정도가 필요하다.

다음으로, 여행지 교통수단에 있어서의 선택이다. 여행지에서의 교통수단은 매우 많다. 1일 투어, 2일 투어의 투어버스가 있고, 시내버스와 택시 등이 있다. 그러나 경비를 절약하기 위해서는 현지의 지도 한 장을 사는 것이 좋은데, 지도에 있는 노선도를 보고 시내버스나 투어버스를 이용하여 관광을 하면 저렴할 뿐 아니라 편리하다.

셋째로는, 숙박 문제이다. 자유여행이라면 호텔 숙박 전 가격을 흥정한 후 체크인한다. 최근 도시의 호텔 수가 점점 많아지고 있어, 여행을 할 때 숙소를 찾는 것은 별 문제가 되지 않는데다, 선택할 여지도 많기 때문에 대다수의 호텔들은 가격 흥정이 가능하다. 일부 도시의 숙박 가격으로 봤을 때, 보통 20~30% 정도 에누리가 가능하다.

아들을 빌리다

호랑이띠라서 그런지는 몰라도, 아들은 태어났을 때부터 너무나도 먹성이 좋았다. 병원에서 우유 한 병이면 신생아 6~7명은 먹일 수 있는데, 이 아이는 눈깜짝할 사이에 혼자 다 먹어치웠다. 정말 호랑이띠인 것이, 아들은 나날이 커갈수록 고기 먹는 것을 점점 더 좋아하게 되었다. 무슨 밥이든 상관 없이 고기만 있으면 매 끼 모두 너무나 맛있게 밥을 먹었다. 아들의 몸무게가 표준을 넘어서면서 나는 걱정이 되기 시작했다. 나는 아이의 밥량을 제한하기 시작했고, 특히 모임같은 곳에는 데려가지 않으려 했다. 이런 곳에서 아이는 늘 사람들에게 가장 이쁨을 받는데, 사람들 앞이면 아이를 못 먹게 말릴 수도 없으니, 아이는 음식을 맘껏 먹곤 했다. 하루는 한 친구가 찾아와서 "아들 좀 빌려달라"고 말했다. 알고 보니 친구는 아들을 자기 집으로 데려가 오전내내 한 숟가락도 뜨지 않는 딸에게 본보기를 보여 주고 싶었던 것이었다. 저녁에 아들이 돌아와서는 손가락을 꼽으며 오늘 얼마나 많은 고기와 얼마나 많은 닭다리를 먹었는지 내게 말했다. 속으로 걱정을 하고 있는데, 다른 한 친구에게서 전화가 왔다. 앞의 그 친구 소개에 따르면 우리 아들을 집으로 빌려 간 후로 효과가 아주 좋았다는 것이었다. 그래서……. 이것 정말 큰일이다! 아들을 이렇게 이리저리 빌려 주다가는 며칠 안 지나 먹어서 어떤 꼴이 되겠는가! 어떤 친구를 막론하고 지금 이 시간부터 내 아들은 일체 대여가 안 된다!

누가 가사일을 하나?

최근 한 신문에서는 일과 가정이란 문제에 대해 여성들에게 한 차례의 조사를 실시했다. 절반 이상의 여성이 일과 가정 모두를 중요시하는 것으로 나타났다. 그러나 응답자 중 34.5%가 가정이 더 중요하다고 선택했고, 실제로 일이 더 중요하다고 선택한 사람은 11.2%에 불과했다. 조사에서 55.6%의 여성은 가사일에 성별 표시 하는 것을 원치 않았다. 그들은 가사일은 "시간이 더 많은 사람이 더 하면 되지, 꼭 남녀를 구분할 필요는 없다"고 말했다. 24.4%의 여성들은 "여자가 좀 더 많이 부담할 수는 있지만, 남자라고 전혀 안 하는 건 안 된다"고 대답했다. 진정으로 가사일은 "전부 여성이 부담" 혹은 "전부 남성이 부담"해야 한다고 답한 사람은 겨우 3.4%와 0.5%에 불과했다. 64.1%의 여성들은 전혀 그들이 가정 재정을 모두 휘어잡고 있지 않다며, 가정에서 부부 둘이 평등하게 재산을 관리한다고 말했다.

야외 활동

토요일 아침, 날이 막 환해지기 시작할 즈음 스레이는 잠자리에서 일어났다. 싸놓은 배낭을 점검한 후 등산화를 신고 하루의 여정을 시작했다. 이번 주말에 그는 인터넷 동호인들과 함께 베이징에서 가장 높은 산인 링산을 오르기로 했다. 우연히 야외 활동에 참가한 후부터 스레이는 이런 활동을 좋아하게 되었다. 그는 처음 야외 활동에 참가했던 느낌을 이렇게 말한다. "이것은 내가 참가한 활동 중 가장 재미있는 활동이었다. 그것은 나를 도시에서 벗어날 수 있게 했고 대자연과 가깝게 하고 자아를 느낄 수 있게 하였다. 그 후련한 기분은 평소 생활에서는 느낄 수 없는 것이다. 더욱 중요한 것은, 내가 산 중턱까지 올랐을 때 너무 힘들어 포기하고 싶었지만 이를 악물고 계속 나아갔다는 것이다. 내가 산 정상에 섰을 때 그 성공이 주는 쾌감은 예전에는 전혀 느끼지 못했던 것이었다." 그가 야외 활동을 좋아하게 된 후로 그의 생활은 더욱 풍요로워졌고, 매우 규칙적이 되었다고 한다. 월요일, 화요일에는 퇴근 후 시간을 인터넷에서 야외 활동을 할 장소를 물색하는 데 할애하고, 수요일에는 인터넷에 계획을 고지하고, 목요일에는 참가를 신청한 인터넷 동호인들과 만남을 갖고, 금요일 퇴근 후에는 활동에 필요한 물건을 구입한다. 주말 이틀은 "대자연 속에 들어가 하나의 새로운 자아를 얻는다."

아침밥을 먹든 안 먹든 상관 없을까?

샤오왕은 한 회사의 직원이다. 대학을 다니던 그때부터 그는 아침밥을 '끊어 버렸다'. 이유는 아주 간단하다. 아침밥을 먹든 안 먹든 상관 없기 때문이다. 게다가 아침을 먹지 않으면 돈도 아낄 수 있고, 몸매도 유지할 수 있는데다, 아침에 늦잠 잘 수 있는 시간을 벌 수도 있다. 사람들은 "아침을 먹지 않으면 건강을 해친다"고 하는데, 샤오왕도 이 말을 들어 보았다. 그러나 아침을 '끊은 지' 10년이나 됐지만 자신이 너무 잘 살고 있는 것을 보니, 아침을 먹든 먹지 않든 모두 상관 없는 것 같았다.

기자는 샤오왕의 문제에 대해 한 영양학자에게 자문을 구했다. 이 전문가는 중국인의 아침밥 혁명을 단행해야 한다며, 우리가 아침밥을 먹어야 할 뿐 아니라, 잘 먹어야 한다고 말했다. 조사에 따르면 40%의 베이징 사람들이 아침밥을 먹지 않으며, 상당수의 사람들의 아침 식사 구성이 합리적이지 않은 것으로 나타났다. 이 영양학자는 기자에게 아침밥을 먹는 중요성에 대해 분석해 주었는데, 사소한 한 끼의 아침밥에 그렇게 주의할 것이 많은지 정말 몰랐다. 결론적으로, 아침밥은 사람의 평생의 건강과 관련된다.

벙어리와 휴대폰(1)

　기차가 서우양 역에 도착했을 때 기차칸에서 온 얼굴이 땀범벅인 한 남자가 인파를 헤치고 내쪽으로 왔다. 이 남자는 손에 들고 있는 휴대폰을 가리키며 어버어버하고 소리를 내고 있었다. '정말 이상하네. 벙어리도 휴대폰을 쓰나?' 그때 나는 친구에게 걸려온 전화를 받고 있었는데, 그 벙어리는 내 휴대폰을 가리키며 한참 동안을 '말하고' 있었고, 나도 그의 말뜻을 이해할 수가 없었다. 이때 내 옆에 서 있던 중년여성이 입을 열었다. 중년여성은 이 사람이 당신의 휴대폰 배터리를 빌리고 싶어 한다고 말했다. '최근 장애인을 가장해 사람들을 속이는 사람들이 종종 있다더니, 나는 그런 속임수에 넘어가지 않는다고.' 그러나 다급해 보이는 그의 모습을 보니 가짜로 꾸민 것 같지는 않았다.

　전화 거는 데 얼마 든다고 배터리까지 바꾸겠는가? 나는 그냥 내 휴대폰으로 전화를 걸라고 말했다. 벙어리는 고개를 가로저었다. 내 휴대폰으로 전화를 걸면 배터리를 바꿀 필요도 없고 전화비도 줄일 수 있을텐데, 나같이 좋은 사람을 만나고도 감사할 줄 모르다니!

　내 배터리로 바꾸더니 벙어리는 전화번호를 눌렀다. 그러나 얼마 지나지 않아 휴대폰을 끊어 버렸다. 그는 배터리를 빼서 내게 돌려주며 고맙다는 표정으로 나를 바라보았고, 어버어버하고 '말을 하며' 몇 분 동안이나 손짓을 하였지만 나는 전혀 알아들을 수 없었다. 중년여성은 자신은 농아학교의 선생님이라며, 벙어리가 방금 한 '말'을 통역해 주었다.

벙어리와 휴대폰(2)

　알고 보니, 그의 아내 역시 벙어리였다. 그가 이번에 멀리 나온 것은 남동생의 결혼식에 참석하러 타이위엔에 가기 위해서였다. 연락을 계속 유지하기 위해 그들은 집에다 발신자 표시 전화를 설치해 놓았다. 남편이 멀리 나왔을 때, 아내는 몇 시간에 한 번씩 남편에게 전화를 한다. 남편이 휴대폰의 진동을 느끼면 전화를 받지 않고 그저 번호를 보며 웃는다. 저쪽의 아내가 전화를 내려놓으면, 남편이 다시 아내에게 전화를 건다. 아내도 전화를 받지 않고 그저 전화기의 그 익숙한 번호를 바라보며 남편을 축복한다. 그들은 이러한 특수한 방식으로 가는 길에 서로의 안부를 알리는 것이었다.

　방금은, 남편이 아내에게 걸려온 전화를 받은 후 마침 그의 휴대폰 배터리가 나가서 아내에게 다시 전화를 걸 수 없었다. 전화를 건 후 남편의 회신을 받지 못하면 아내는 분명 매우 조급해 할 것이다. 그와 아내는 서로 '말'을 맞췄기 때문에, 별일이 없다면 곧바로 전화를 되걸어야 한다. 나는 이때야 비로소 벙어리가 내게 배터리를 빌리고, 또 끝까지 자신을 휴대폰으로 전화를 걸려고 한 이유를 알게 되었다.

제 01 과 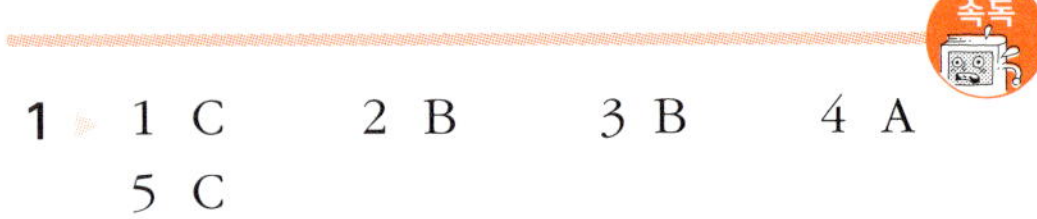

1 1 春节、端午节、中秋节
   2 圣诞节、情人节、万圣节
   3 饺子、粽子、月饼
   4 热闹、有意思、丰富、幸福生活

2 1 B   2 A   3 C   4 C
   5 A

3 1 B   2 A   3 C   4 A

4 1 过   2 等   3 玩   4 满足
   5 丰富   6 加

1 1 C   2 A   3 B   4 C
   5 B

2 1 B   2 B   3 A   4 C
   5 A   6 C   7 A   8 A

제 02 과

1 1 多云、气温较低、后半夜有雪
   2 周六，天气变晴，刮偏北风，风力四
     五级，夜间转三四级。周日，天气晴
     朗，刮西北风，气温较低，周六、周
     日，最高温度0~1度、最低温度零下
     6~8度
   3 会觉得寒冷；应该多穿衣服
   4 路滑，不适合爬山、跑步等户外活动
     和洗车；开车要注意慢行，行人也要
     注意安全，等雪后天晴再洗车

2 1 B   2 C   3 B   4 A
   5 C   6 A

3 1 C   2 B   3 A   4 A
   5 B

4 1 下   2 变   3 穿   4 为
   5 带   6 适合   7 到来

1 1 B   2 A   3 C   4 C
   5 A

2 1 A   2 B   3 C   4 B
   5 A

3 1 景点   2 分别   3 人次   4 其中
   5 下降

제 03 과

1 1 一对老夫妻和儿子、儿媳、女婿、
     及五六个小孙子、孙女团聚的景象
   2 一对小夫妻和两对老人、领着一个小
     孩的团聚景象
   3 独生子女越来越多

2 1 C   2 A   3 A   4 B
   5 C

3 1 C   2 B   3 A   4 B
   5 C

4 1 接   2 包   3 坐
   4 搀扶，领   5 显得
   6 享受，决定

1 1 C   2 B   3 B   4 A
   5 C

2 1 A　　2 B　　3 B　　4 C
5 A　　6 B

3 1 提出　2 考虑　3 觉得　4 说服

제**04**과　

1 1 父母和孩子应该互相沟通理解
　　2 面对面说出心里话
　　3 觉得父母太多事，不理解自己
　　4 觉得孩子太难管
　　5 双方应互相沟通理解

2 1 B　　2 A　　3 C　　4 A
5 C　　6 A　　7 C

3 1 B　　2 C　　3 A

4 1 呆　　2 催　　3 播出，说
　　4 沟通　5 强迫，理解

1 1 B　　2 C　　3 C　　4 A
5 C

2 1 C　　2 B　　3 B　　4 B

3 1 发现　2 读物　3 感觉　4 用
　　5 吸引　6 肯定　7 希望

제**05**과　

1 1 失去了爱情，换了一份工作，
　　　参加了一个葬礼，买了一套房子
　　2 怕回家别人问，怕花钱
　　3 一个小孩子要给50元，新生儿要给
　　　100元

2 1 B　　2 A　　3 C　　4 C
5 A　　6 A

3 1 A　　2 C　　3 B　　4 A
5 B

4 1 换，参加　　　2 交，到
　　3 喜欢，找　　　4 说，怕
　　5 给　　　　　　6 看望

1 1 C　　2 A　　3 A　　4 B
5 C

2 1 A　　2 C　　3 B　　4 A
5 B

3 1 浪漫　2 特别　3 挑剔　4 征求
　　5 唠叨　6 抽空　7 多虑　8 解释
　　9 希望　10 心里话

제**06**과

1 1 200万辆
　　2 100万辆
　　3 7点，9点
　　4 17点，19点半

2 1 B　　2 B　　3 A　　4 C
5 B　　6 B

3 1 A　　2 C　　3 A　　4 B
5 B

4 1 增加，用　　　2 预测，达，承受
　　3 出，归　　　　4 提前
　　5 开，堵　　　　6 知道，带

1 1 B　　2 A　　3 B　　4 C

2 1 B　　2 A　　3 A　　4 A
5 A

3 1 只　　2 面临　3 难办　4 成功
　　5 宁愿　6 有限　7 有限

1 1 不方便

2 宋代著名哲学家、教育家朱熹

3 婺源是当今中国明清古建筑保存得最完整的县之一。这里重视读书，人们都叫它"书乡"

2 1 C　2 C　3 B　4 C
5 A

3 1 A　2 C　3 C　4 A

4 1 位于　2 出发　3 例外　4 经过
5 隔　6 保存　7 体现　8 重视
9 渗透

1 1 城市方便，而且节奏快。
2 从小在城市里长大，习惯了。
3 农村的狗吓人。

2 1 C　2 A　3 A　4 B
5 C

3 1 A　2 B　3 A　4 B
5 B

4 1 什么　2 挤　3 反感　4 当
5 喜欢　6 就　7 偶尔

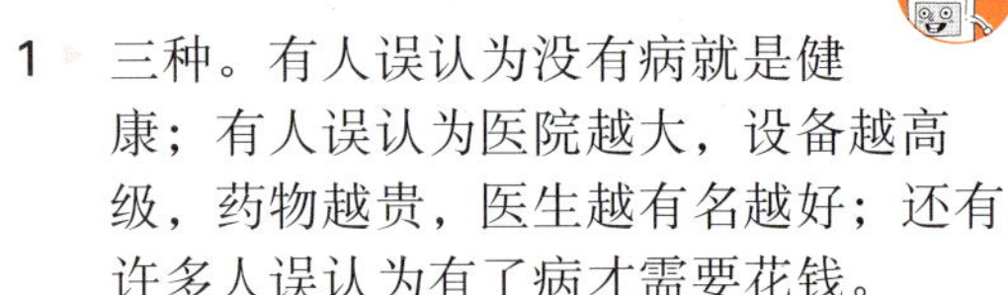

1 三种。有人误认为没有病就是健康；有人误认为医院越大，设备越高级，药物越贵，医生越有名越好；还有许多人误认为有了病才需要花钱。

2 1 C　2 A　3 B　4 C
5 B

3 1 C　2 B　3 B　4 A

---

4 1 以为　2 提高　3 注意　4 挤
5 提前　6 改变　7 服务，面向

1 1 不同意
2 如果你身体健康，那么喝水绝不是坏事，但并不需要喝过量的水。

2 1 A　2 C　3 A　4 B

3 1 A　2 B　3 B　4 A
5 C　6 B　7 C

4 1 不管　2 都　3 相信　4 次数
5 如果　6 那么　7 坏事

1 1 星期五早上坐大巴从北京出发去济南，午饭后游览济南趵突泉、大明湖等名胜。第二天早饭后去泰山，登泰山，然后去宾馆吃晚饭，休息。第三天早上去曲阜，游览孔庙、孔林，午饭后坐车回北京。旅行社的报价是每人700元。

2 增加游览名胜的时间；改坐火车；改住一般宾馆。

2 1 C　2 A　3 C　4 B
5 A　6 C

3 1 A　2 B　3 B　4 B
5 C　6 B

4 1 然后　2 但　3 比如　4 再说
5 因此　6 左右

1 1 交通和住宿
2 既便宜又方便
3 2000元

2 1 C　2 A　3 C　4 B

3 1 B 2 C 3 A 4 A
5 B 6 B

4 1 首先 2 其次 3 还有 4 第三
5 先 6 再 7 而且 8 因此

제 **10** 과

1 1 他的儿子特别能吃。

2 儿子的体重开始超标。

3 开始限制他的饭量。

4 在别人面前时。

5 朋友要让他儿子到她家，为她那个不
爱吃饭的宝贝女儿做个榜样。

2 1 B 2 B 3 A 4 B
5 B 6 A

3 1 A 2 B 3 A 4 A
5 C 6 A

1 1 事业和家庭问题。

2 34.5%

3 0.5%

4 夫妻双方平等地一起管理家庭财政。

2 1 A 2 B 3 B 4 C

3 1 B 2 A 3 A 4 B
5 A

4 1 就 2 以 3 为 4 只
5 标记 6 何必 7 一点都 8 认为
9 只有 10 更多 11 平等

제 **11** 과

1 1 登灵山。

2 轻松，成功的快乐。

---

3 星期一、星期二在网络上查找下一次
户外活动的地方；星期三在网络上发
布计划，星期四和报名参加的网友见
面；星期五买活动需要的东西；周末
两天"到大自然中获得一个新的自
我"。

2 1 C 2 A 3 C 4 B
5 A 6 B

3 1 B 2 A 3 B 4 C
5 B

4 1 检查，行程 2 偶尔
3 放弃，坚持 4 规律
5 放弃 6 查找，发布

1 1 早饭吃不吃没关系，而且不吃
早饭，既节约了钱，又能保持体型，
还能节约出时间早上睡一会儿懒觉。

2 早饭戒了快十年了，自己活得好好
的，看来早饭吃不吃没关系。

3 中国人的早饭应该来一次革命，我们
不仅要吃早饭，而且要吃好早饭。

2 1 B 2 A 3 A 4 B

3 1 B 2 A 3 B 4 A
5 C 6 B

4 1 革命 2 不仅 3 据 4 合理
5 重要性 6 总之

제 **12** 과

1 1 一个哑巴

2 借我的手机电池。

3 是

4 哑巴用手机打电话。

2 1 B 2 C 3 B 4 A
5 C

3 ▶ 1 B　　2 C　　3 B　　4 A
　　5 B

4 ▶ 1 挤　2 听　　3 说话　4 假装
　　5 好人　6 换, 按, 挂　　7 翻译

1 ▶ 1 去太原来参加弟弟的婚礼。
　　2 用可以显示电话号码的电话机来联系。
　　3 只有用自己的电话打, 他才能和妻子准确地保持联系。

2 ▶ 1 B　　2 C　　3 B　　4 A
　　5 B

3 ▶ 1 C　　2 B　　3 B　　4 A
　　5 C

4 ▶ 1 原来　2 参加　3 联系　4 显示
　　5 当　6 过　7 接听　8 熟悉
　　9 祝福　10 特殊　11 互相

찾아보기

A

B

C